재미있고 쉬운

인지행동 놀이치료 1권

Digging for Buried Treasure 1: 52 More Prop-Based Play Therapy Interventions for Treating the Problems of Childhood

Paris Goodyear-Brown · LCSW · RPT-S 공저

안명현 · 노남숙 · 문현영 · 김성진 · 김지아 · 신차선 · 박행자 · 윤영숙 공역

학지사

Digging for Buried Treasure: 52 Prop-Based Play Therapy Interventions for Treating the Problems of Childhood
by Paris Goodyear-Brown, LCSW, RPT-S

역자 서문

텍사스에서는 해마다 여름이면 놀이치료 워크숍이 열리고, 전 세계의 많은 놀이치료 종사자가 참여한다. 나도 그중의 한 사람으로서 텍사스 주립대학교 놀이치료 워크숍에 참석했었다.

그때 Paris Goodyear-Brown 선생님은 워크숍의 첫 번째 강연자였다. 그녀가 보여 준 PPT 자료는 많은 감동을 주었다. 그녀는 자신의 치료실을 보여 주었는데, 그곳은 집 전체를 놀이치료실로 사용하고 있었다. 그녀의 놀이치료실 하우스는 먼저 집으로 들어가는 정원이 있고, 입구에는 내담아동을 반기는 문구가 팻말에 쓰여 있으며, 집 전체의 윤곽은 반짝이는 크리스마스 장식과 같은 전구로 장식되어 있었다. 이처럼 그녀의 치료센터는 집으로 들어가면서부터 치료가 시작되는 구조였다.

거실, 주방과 놀이방을 포함한 집안 전체가 치료실로 제공되어서 집안 전체가 아동의 놀이방과 같은 판타지 공간이었다. 그곳에서 Paris Goodyear-Brown 선생님은 아동의 놀이파트너로서 전쟁놀이나 인형놀이를 하면서 놀고 있는 모습을 보여 주었다. 그것은 '모든 가정이 아동의 천국이면 얼마나 좋을까?' 하는 생각을 하게 만드는 광경이었다.

이 책은 그녀가 내담자들을 만나면서 직접 개발한 놀이 기법이 수록되어 있다. 특히 소품을 이용한 인지행동 접근으로써 놀이치료 기법을 개발한 것이다.

이 책은 두 권으로 구성되어 있다. 1권은 내담아동을 처음 만날 때 치료 계획을 세울 수 있는 기법부터 트라우마를 겪은 아동을 도울 수 있는 세부적인 놀이 기법, 사회적 기술을 다룰 수 있는 감정 인식하기, 분노 조절하기 등을 제시하고 있는데, 이는 트라우마로 또는 감정 조절 실패로 화가 난 아동을 치료하는 데 적절한 도움을 줄 것이다. 2권은 처음 만난 내담자의 정보를 모으는 기법부터 감정을 표현하고 자존감을 높이며, 자기를 조절하는 방법, 그리고 성학대 피해자를 위한 기법까지 다양한 기법을 제시하고 있다.

이러한 놀이치료 기법을 적용하기 위해 내담자의 인지를 바꿀 수 있도록 소품을 이용한 인지행동 방법들이 제시되어 있어서 아동중심 놀이치료로 훈련된 치료사에게 도움이 될 것이라 생각한다.

이 책을 번역하기 위해 많은 치료전문가가 동원되었다. 역자들은 모두 현장에서 아동들을 직접 치료하고 있는 놀이치료사라서 저자의 놀이치료 경험과 유사한 감정을 느끼며 재미있게 번역에 참여하였다.

많은 놀이치료사가 아동중심 놀이치료를 기반으로 내담아동을 만난다. 내담아동을 만나는 초기에는 아동중심 놀이치료로 접근하는 것이 치료를 촉진하는 데 도움이 될 것이다. 그러나 아동의 자아가 어느 정도 형성된 중·후반 치료단계나 집단 놀이치료, 가족 놀이치료에서는 인지행동 놀이치료 기법이 치료에 도움을 줄 것이다. 이때 이 책에 수록된 소품을 이용한 인지행동 놀이치료가 진가를 발휘하길 기대한다.

2018년 8월

역자 대표 안명현

저자 서문

이 치료 매뉴얼은 수년간 나의 내담아동들이 준 훌륭한 선물들이다. 이 선물은 창조적 과정 속에서 성장과 완전함을 향한 상호 협력으로 얻은 것이다. 여기에 설명된 대부분의 기법은 다양한 치료 시간들을 통해 직접 얻은 것들이다. 이 치료 기간 동안, 아동은 자신을 치료실로 오게 한 문제들을 해결해 나가면서 일종의 안정 상태에 들어가게 된다. 이때에 치료사는 아동에게 더 깊은 치료를 하기 위한 개입이 필요하게 된다. 이러한 개입으로서 '점프 스타트'는 거의 항상 재미있고 예측 불가능한 놀이 재료들로부터 이루어진다. 여기에 실린 기법들은 다루어야 할 분야에 따른 범주로 나뉘었다. 이렇게 기법들을 구체적 진단에 따라 나누지 않는 이유는 아동들에게는 다양한 감정과 심리적 어려움이 나타날 뿐 아니라 발달상에서 결핍된 부분들은 각 아동에 따라 여러 가지 다른 증상으로 나타나기 때문이다. 사회적 기능, 분노 조절 기능, 자부심 쌓기, 대처 능력 그리고 감정 표현 방법은 우리의 내담자인 아동에게는 진단과 관련 없이 훈련이 필요한 분야들이다.

이 책에 실린 기법은 주로 '소품'을 활용하였다. 나는 구체적인 소품의 사용이 치료에 매우 유용하다는 사실을 임상에서 확인하였다. 실제로 소품은 치료 과정에서 다양한 기능을 수행한다. 가장 주목할 만한 점은 소품이 내담자의 거부감을 없애 주는 역할을 한다는 사실이다. 아동은 흔히 치료에서 '대화' 또는 '행동'을 해야 할 것이라고 생각한다. 하지만 소품이 아동의 손에 쥐어지면 치료 내내 대화를 해야 한다는 압박감이 줄어든다. 또한 소품을 사용하면서 아동은 치료의 초기 관계 설정 단계 도중에 위협적으로 느껴지는 눈맞춤을 피할 수 있게 된다. 둘째, 소품은 종종 분노나 두려움과 같은 개념과 관련된 은유적 메시지를 구체화하거나 전달하는 역할을 하며, 치료 활동이 의식적 그리고 무의식적으로 동시에 수행될 수 있게 한다. 셋째, 소품은 아동이 직면하는 문제를 표출하는 매개체로 기능할 수 있다. 치료 과정에서 문제가 외부로 드러나면 아동의 문제를 분석하기에 용이해지고 문제 해결책이나 극복 전략을 도출하기 쉬워진다. 넷째, 신경학에 대한 연구는 아동들이 각자 다른 학습 방식(청각적, 시각적, 운동 감각적 또는 이 모든 것을 다 가지고 있는)을 가지고 있다고 말한다. 소품 사용은 운동 감각 학습이 가능하게 하며, 놀이치료실에서 발생하는 시각·청각 활동을 확장시킨다. 마지막으로, 소품을 가지고 노는 것은 그 자체로 재미있는 놀이이다. 아동은 어려운 문제도 즐거움을 주는 놀이경험을 통해 해결해 나간다.

많은 치료사는 아동의 치료에 선천적으로 타고난 자질을 지닌 사람이 많다. 그렇기에 이들은 새로운 놀이치료 방법을 손쉽게 만들어 낸다. 많은 책에 소개된 기존의 치료 방법을 내담자에게 적용하는 치료 방식을 선호하는 치료사도 있다. 하지만 이 책의 치료 방법이나 여타의 치료 방법 모두 내담자의 필요 및 치료 목적, 개입을 위한 현장실습은 일련의 치료 과정에서 사용되는 방식에 관한 숙고 없이는 실행이 불가능하다는 점을 강조하고 싶다. 창조적인 치료사에게 이 책은 본인의 새로운 치료 방법을 개발하는 촉진제가 되어 줄 것이다. 반대로 방법 개발에 어려움을 겪는 치료사라면 이 기법을 응용하여 치료 활동을 위한 독자적 방법을 만들어 낼 수 있을 것이다. 마지막으로, 독자들이 쉽게 참고할 수 있도록 모든 기법을 다음의 항목들로 나누어 설명했다.

- **치료 양식**: 치료 기법이 가장 적절하게 적용될 수 있는 치료 환경을 간략히 소개한다. 일부 치료 기법은 개인에게 가장 적합하며 일부는 집단 또는 가족 단위에 적절하다. 대부분의 기법은 치료 환경에 따라 수정이 가능하다.

- **대상**: 치료가 도움이 될 수 있는 연령을 의미한다. 발달 나이가 생물학적 나이보다 더욱 중요한 기준이다.

- **치료 단계**: 치료 과정에서의 치료(개입) 단계를 설명한다. 치료 단계는 대략적으로 초기 또는 시작 단계, 중간 또는 중기 작업 단계, 마감 또는 종결 단계의 3단계로 분류된다. 초기 단계는 관계 및 신뢰가 구축되는 단계이다. 중기 작업 단계는 치료의 가장 중요한 부분이다. 종결 단계는 이전의 치료 작업이 통합되고 아동이 '안녕'을 말하는 단계이다.

❶ 준비물: 치료 활동에 필요한 재료를 자세히 알려 준다.

⚲진행 방법: 치료사가 치료를 실행할 수 있도록 단계별로 자세히 설명한다.

⚲진행 과정 중 가능한 질문: 활동을 마친 후 치료사가 개입을 하기 위해 사용할 수 있는 질문과 내담자의 인식을 증진시키거나 치료 학습의 효과를 강화화기 위해 치료사가 사용할 수 있는 질문을 제시한다.

⚲과제: 내담자에게 부여하는 과제를 의미한다. 과제는 새로운 개념을 명확히 이해하고 새로운 기술을 연습하며, 또 다른 경험을 쌓게 하여 진행 중인 치료 활동을 강화하는 효과가 있다. 아동의 나이와 역량에 따라 과제는 수정이 가능하다.

⚲특별 고려사항: 치료 방법 적용 시 상이한 효과를 보이는 아동의 경우 및 다양한 문제를 가진 아동을 위한 조정 방안, 반복적인 치료에서 발생한 일반적인 '주의사항들'을 설명한다.

⚲적용 및 수정: 치료 방법이 사용될 수 있는 다른 환경을 대안으로 제시한다. 만약 앞서 설명한 치료 활동이 개인에게 적합한 경우라면 집단을 대상으로 기법을 수정하는 방법을 논의할 수 있다.

많은 치료사가 어떻게 이러한 생각을 하게 되었냐고 묻곤 한다. 답은 간단하다. 소품이 이 모든 것을 가능하게 했다. 나는 특정 도구가 어떠한 방식으로 치료상의 은유적 메시지를 전달하고 치료기법을 가르치는 데 도움이 되는지 나 자신에게 질문을 던져 본다. 나는 나 자신에게 "여기 이 도구는 어떤 기능을 하기 위해 있는 걸까?"라고 묻는다. 돋보기라면, 답은 "물건을 확대하기 위해서, 특정 이미지를 더욱 크게 보기 위해서"일 것이다. 그런 다음 아동의 삶에 있어 어떠한 부분이 확대되어야 하는지 생각한다. 그러고 나서 치료를 위해 오는 대부분의 아동은 자존감이 낮고 긍정적인 말보다는 부정적인 말에 익숙하다는 점을 고려한다. 이러한 사고의 훈련과정을 통해 '긍정적인 것을 확대하라'는 기법이 만들어질 수 있었다. 치료사들이 이 훈련을 시도한다면 자신만의 새로운 치료법을 만들어 낼 수 있을 것이다. 우리가 만나는 아동은 모두 그 내면에 보물을 가지고 있다. 아동은 그 아름다운 보석을 발견하기 위한 도움을 자주 필요로 한다. 이 책에 소개한 기법을 신중하게 적용해서 우리가 치료하는 아동의 내면에 묻혀 있는 보물을 발견하게 되기를 진심으로 희망한다.

헌정사

Sam과 Madison은 매일 나에게 기쁨과 웃음을 주고, 남편은 나와 같이 가족을 이끌어 가는 공동창작자이자 나에게 계속적인 힘을 주는 사람이다. 그들에게 이 책을 바치고 싶다.

차례

1권

역자 서문 • 3

저자 서문 • 5

제1장 치료 계획 안에서 사용하는 도구들 (Tools for Use in Treatment Planning) • 15

얼마나 멀리 볼 수 있나요?(How Far Can You See?) / 17

한 단계씩(Step-by-Step) / 21

소원을 비는 우물(Wishing Well) / 24

반대편엔 무엇이 있을까?(What's on the Other Side?) / 27

먹을 수 있는 마법 지팡이(Edible Wishing Wands) / 30

던져 버리기(Throw It A-Weigh) / 34

제2장 트라우마에 시달리는 내담자와 함께 지지와 안전함을 구축하기 (Building Safety and Support with Traumatized Clients) • 37

집이 최고야(No Place Like Home) / 39

견디는 방법 배우기(Learning to Bear It) / 43

최고의 공동체(Crowning Community) / 47

나만의 바람개비(Personalized Pinwheels) / 50

제3장 트라우마에 시달리는 아동을 위한 역량 강화 기법
(Empowerment Exercises for Traumatized Clients) • 53

의사 표현하는 확성기(Megaphones to Make a Point) / 55
호루라기 불기(Blow the Whistle on 'Em) / 59
문고리 안내판(Door Hangers) / 63
너의 손을 내게서 치워(Keep Your Hands Off Me) / 67
줄에 매달린 인형(Puppet on a String) / 71

제4장 트라우마의 생존자를 위한 감각 처리 운동
(Sensory Processing Exercises for Trauma Survivors) • 75

악은 보지도 말고, 듣지도 말고……(See No Evil, Hear No Evil…) / 77
괴물 귀(Monster Ears) / 81
퍼즐 다시 맞추기(Putting the Pieces Together Again) / 85
조각과 부분(Pieces and Parts) / 89

제5장 기술 습득 연습: 감정 이해, 분노 조절, 충동 조절, 친사회적 기술
(Skill Building Exercises: Feelings Identification, Anger Management, Impulse Control, Pro-Social Skills) • 93

너의 체온을 재자(Taking Your Temperature) / 95
내적/외적 감정들 살펴보기(Inside/Outside Feelings) / 99
펜을 들고!! 바꾸고!! 그려라!!(Pens Up!! Switch!! Draw!!)/ 103
행동을 소거하자(Extinguish the Behavior) / 106
미친 마라카스(Mad Maracas) / 109
불을 뿜는 용(Fire-Breathing Dragons) / 113
개미가 바지 안에 있어(Ants in My Pants) / 117
다른 관점 가지기(On the Other Hand…) / 121
벌레처럼 너를 화나게 만드는 게 있니?(What's Bugging You?) / 125
장갑을 활용해 사람 대하기(Treat Them with Kid Gloves) / 129

제6장 자아 존중감 구축 연습하기
(Exercises for Building Self-Esteem) • 133

손도장으로 그리는 세상(Fingerprint Friends) / 135
모래 상자 안에 만드는 사랑의 원(Sandtray Circles) / 138
모든 생각을 한 바구니에 담지 않기(Don't Put All Your Eggs in One Basket) / 142
돌 내부의 빛나는 수정(Geodes) / 146
내 안의 요새를 지켜라(Under Attack) / 149
긍정의 힘으로 팽이 돌리기(Put a Positive Spin on It) / 152

제7장 인지-행동 놀이치료 기술
(Cognitive-Behavioral Play Therapy Techniques) • 157

거짓말에 구멍 뚫기(Punching Holes in That Theory) / 159
진 사람에게 올가미 밧줄 걸기(Lasso the Loser) / 162
'물음표' 바퀴(The Why Wheel) / 165
생각하는 모자(Thinking Caps) / 168
장소 지우기(Erase the Place) / 172
구름 없애기(Clearing the Clouds Away) / 175

제8장 애착 관계 강화를 위한 활동
(Activities to Strengthen the Attachment Relationship) • 179

달콤한 꿈의 물약(Sweet Dreams Lotion Potion) / 181
아빠와 면도하기(Shaving with Dad) / 185
중간에서 만나기(Meet in the Middle) / 189
유아의 이야기(The Toddler Tale) / 192
파우더로 손바닥 지문 찍기(Powder Prints) / 195
"너는 별이란다!!" 게시판("You're a Star!!" Boards) / 198

제9장 종결 활동: 안녕이라고 말하기
(Termination Activities: Saying Goodbye) • 201

붕대 감기(Bandage Banners) / 203

달력 콜라주(Calendar Collage) / 207

졸업복(Graduation Gear) / 210

등을 두드려 주며 격려하기(Pat on the Back) / 214

포장해서 가지고 가기(Termination Take-Aways) / 217

참고문헌 • 220

차 례

2 권

제1장 • 정보 수집에 사용되는 도구

제2장 • 감정 표현하기와 말하기

제3장 • 자아 존중감

제4장 • 사회적 기술 훈련

제5장 • 분노 조절

제6장 • 자기조절 전략

제7장 • 성학대 피해자를 위한 기법

제8장 • 문제해결과 그 밖의 다른 대처 전략

제1장

치료 계획 안에서 사용하는 도구들

Tools for Use in Treatment Planning

얼마나 멀리 볼 수 있나요?
(How Far Can You See?)

치료 양식: 개인/집단/가족

대상: 5~18세

치료 단계: 중기 작업 단계

치료 목표

1. 내담자가 자신의 미래를 상상할 수 있도록 돕는다.
2. 내담자의 목표 개발을 돕는다.
3. 치료 계획을 위한 구체적이며 측정 가능한 목표를 세우도록 돕는다.

준비물

–실제 쌍안경

–장난감 쌍안경

–작은 망원경

–종이

–마커펜(유성펜)/크레용

–오래된 잡지

진행 방법

새로운 내담자를 만날 때마다 치료사가 하는 첫 번째 일은 목표 설정이다. 치료사는 내담자의 현재 증상을 평가하고 진단한 후 치료 목표를 설정한다. 목표 설정 시 내담자가 원하는 목표를 갖는 것과 긍정적 치료 결과의 도출 사이에는 명확한 상관관계가 존재한다. 그렇기에 치료사가 내담자와 함께 치료 목표를 설정하는 작업은 반드시 필요하다. 그러나 아동에게는 목표 설정이 어려운 일일 수 있다. 아동에게 직접적으로 목표를 묻는다면, "나는 싸우기를 멈춰야 해요." 또는 "더 이상 도망가지 않을래요."라는 대답이 종종 돌아온다. 내담자가 긍정적인 단어를 사용하여 이 목표들을 다시 말하도록 돕는 것은 어려운 작업이다. 이는 아동이 부정적인 행동 패턴에 갇혀 있기 때문일 수 있다. 그들은 부정적인 행동에 갇혀 있어 긍정적인 정체성을 보지 못할 수 있다. 성인의 목표 설정을 도울 때 종종 사용되는 전략은 '상기'이다. "다섯 살 때를 떠올려 보세요. 어떤 삶을 살기를 원했나요?" 아동의 시간 개념은 성인만큼 분명하게 발달되어 있지 않으며, 성인에 비해 시간의 길이를 훨씬 짧게 생각한다. 그렇기에 이 활동은 내담자가 미래로 나아가는 것을 돕기 위해 고안되었다.

치료사는 적어도 서로 다른 두 쌍의 쌍안경을 준비한다(한 쌍은 실제 쌍안경과 장난감 쌍안경으로 구성되며, 다른 한 쌍은 오페라용 안경이나 작은 망원경으로 이루어져 있다). 그런 다음 아동이 집중하여 볼 수 있는 큰 물체를 선택하도록 한다. 창문이 있는 놀이방이라면 창문 밖에 있는 나무가 그 대상이 될 수도 있을 것이다. 또한 아동은 모래 상자나 큰 인형을 선택할 수 있다. 아동에게 그 물체를 보기 위해 정말로 쌍안경이 '필요한지' 묻는다. 큰 물체를 먼저 선택했으므로 대답은 '필요 없다'라고 할 수 있다. 그러고 나서 아동이 선반 주위를 걸어 다니면서 모래 상자의 피규어 같은 작은 물체를 선택하도록 한다. 그런 다음 그 물체를 놀이치료실 반대편에 있는 평평한 표면 위에 놓게 한다. 쌍안경 없이 또렷이 볼 수 있는지 아동에게 물어본다. 이때 아동은 대체로 쌍안경을 달라고 할 것이다. 쌍안경을 사용했을 때 세부적인 것들을 몇 개나 볼 수 있었는지 이야기하도록 한다. 이를 장기 목표 설정에 비교해 설명하도록 한다. 피규어는 치료 초기 단계에서는 도달 불가능해 보이는 목표와 같으며, 그럼에도 장기적이며 미래 지향적인 관점에서 바라본다면 목표 달성 방법을 세부적으로 잘 파악할 수 있게 된다는 점을 설명한다. 그런 다음 아동은 자신의 치료 목표 중 하나를 묘사하는 작은 그림을 그린다(일례로, '5분 동안 의자에 앉아 있기'라는 목표는 일부 ADHD 아동에게는 아주 어려운 일이다).

그린 그림을 치료실 끝 쪽 벽에 핀으로 고정시킨다. 멀리서는 잘 보이지 않지만, 쌍안경을 이용해 바라본다면 목표물이 뚜렷이 보인다. 아동에게 쌍안경을 사용하도록 하면서 일어나 몸을 움직여 그림 쪽으로 걸어가도록 한다. 한 걸음 내딛을 때마다 목표는 가까워지고, 아동은 쌍안경을 사용할 필요를 느끼지 못하게 된다. 이는 목표에 가까워지면서 변하는 관점에 관해 이야기를 나눌 때 이야기의 시작점이 되어 줄 것이다.

활동을 하면서 재미있는 활동을 추가할 수도 있다. 아동이 한 걸음 내딛을 때마다 걸음을 멈추게 하고, 목표를 향해 나아가는 방식에 대하여 간단하고 재빠르게 그림을 그려 보도록 하는 것이다.

다음 사례를 살펴보자. 조니는 수줍음이 많으며, 이 때문에 친구를 사귈 수 없어 외로워한다. 조니가 첫 번째로 빠르게 그려 낸 작은 그림은 친구들과 뛰어 노는 자신의 모습일 수 있다. 조니는 목표에 쌍안경의 초점을 맞춘 후 한 걸음씩 앞으로 걸어간다. 잠시 멈춘 다음 친구에게 인사하는 모습을 그리기도 하고, '안녕'이라는 글자를 쓰기도 한다. 이 활동이 바로 목표 달성의 첫 단계이다. 단계별로 그림을 그려 나가는 방법은 목표 달성에 필요한 하위 단계 및 방법을 제시해 주는 그림을 이용해 완성될 수 있다.

진행 과정 중 가능한 질문

–쌍안경은 어떤 기능을 하니?
–목표는 무엇인지 말해 주겠니?
–자신이 되고 싶은 사람에 대한 그림을 그리는 것은 어떤 의미를 가지고 있니?
–목표가 건너편 벽에 붙어 있을 때 얼마나 명확하게 목표를 인식할 수 있니?
–쌍안경을 사용할 수 있었다면 무엇이 달라졌겠니?
–목표 달성의 다음 단계는 무엇이니?

과제

활동이 끝나갈 때 내담자는 목표 도달을 위해 장기적으로 해야 하는 일을 명확히 하기 위해 쌍안경을 사용해 자신이 그린 그림을 본다. 이를 통해 "목표 달성의 다음 단계는 무엇인가?"라는 질문에 대한 답변이 도출되어야 한다. 이러한 목표 행동의 완성을 기록하는 방식으로 차트, 형식, 일기 등을 제안한다. 아동 또는 가족에게 목표 행동에 아동이 관여하는 빈도와 관련된 기초 데이터를 기록하기를 요청한다(조니의 사례에서 첫 번째 목표 행동은 '안녕'이라고 말하는 행동일 수 있다).

특별 고려사항

이 활동은 몸 전체를 사용하는 운동 감각과 그림을 활용한다. 치료사는 치료 시도 전에 아동이 이 두 가지 방식을 이용한 표현에 편안해지기를 원할 것이다. 또한 쌍안경을 다루는 것은 아동에게 까다로울 수 있으므로 목표 설정 활동 시작 전에 쌍안경의 초점을 맞추는 방법에 대해 짧게 가르쳐 주는 것이 도움이 될 것이다. 이를 통해 실제 활동 중에 느끼는 좌절감과 산만함을 줄여 나갈 수 있다.

적용 및 수정

추가할 수 있는 다른 방법은 목표를 묘사하는 오래된 잡지의 사진이나 단어를 오려 내도록 유도하는 것이다. 이들을 사용해 콜라주를 만들고, 멀리 떨어진 벽(앞에서 언급한 간단한 그림의 반대편)에 붙이도록 한다. 그런 다음 쌍안경으로 초점을 맞춰 바라볼 수도 있고, 특정 부분과 활동은 앞에서 언급한 대로 진행할 수 있다. 목표를 향해 움직이는 동안 그려 낸 모든 그림은 나중에 쉽게 참고할 수 있도록 한 권의 목표 책으로 모아 놓으면 유용할 것이다.

한 단계씩
(Step-by-Step)

❶ 치료 양식: 개인/집단/가족

❶ 대상: 3세~성인

❶ 치료 단계: 초기 단계

❶ 치료 목표

1. 내담자가 치료 과정의 주도권을 갖도록 돕는다.
2. 내담자의 치료 목적을 명확히 하도록 돕는다.
3. 내담자가 치료 목적을 감당할 수 있는 단계별로 분리하도록 돕는다.

❶ 준비물

–찰흙

–찰흙 칼

–모래 상자

–모래 상자 피규어

진행 방법

이 활동은 내담자가 치료에 대한 주도권을 가지고 관계 및 행동, 자아상 등에서 발생하는 변화에 대한 비전을 가지며 변화 성취를 위한 목표를 설정할 수 있도록 돕는다. 활동은 치료가 끝날 때쯤 현재와 비교해 삶을 변화시키는 한 가지 방법을 구체화해 보라고 내담자에게 요청하면서 시작한다. 모래 상자를 반으로 나누고 모래 위에서 '내담자가 원하는 대로 삶을 변화시키는 방법'을 그려 내도록 유도한다. 내담자의 연령에 따라 표현은 구체적일 수도 있고, 추상적이고 상징적일 수도 있다. 내담자와 완성된 작품을 감상한다. 그 다음에 찰흙을 보여 주며 '나머지 모래 상자 반쪽으로 들어갈 수 있는 계단'을 만들어 달라고 요청한다. 찰흙은 아동에게 재미있고 안정감을 주는 소재이다. 내담자의 손이 찰흙에 집중하는 동안 더 많은 언어적 정보가 내담자로부터 도출된다.

내담자에게 긴 순서대로 찰흙을 잘라 내도록 한다. 가장 긴 조각을 제일 아래에 놓고 순서대로 쌓아 올려 계단으로 만들 것이다. 나머지 반쪽의 모래 상자에 만든 이미지와 연관하여 내담자가 장기 목표를 구체화하도록 돕는다. 이렇게 목표를 단계별로 나누었을 때 달성하기가 훨씬 쉬워진다고 설명한다. 각 단계는 내담자가 목표에 다가갈 수 있도록 도와준다는 점도 설명하도록 한다.

찰흙 조각을 자를 때마다 최종 목표의 세부 단계를 세우는 것을 도와준 후 찰흙에 적게 한다. 예를 들어, '걱정 줄이기'라는 장기 목표는 내담자가 걱정하는 것을 모두 인지하면서 시작된다. 제일 긴 찰흙 조각에 목표를 적고 모래에 놓는다. 단계별 목표를 찰흙 조각에 적은 후 순서대로 쌓아 올린다. 계단이 완성되면 피규어가 계단을 '오르게' 하고, 계단 꼭대기에 서서 반대편 모래 상자 속 이미지를 내려다보게 한다. 내담자가 모든 변화가 완성되었을 때에 느낄 성취감을 상상할 수 있도록 돕는다.

진행 과정 중 가능한 질문

- 네가 원하는 변화에 따라 삶을 바라보면 어떤 그림을 그릴 수 있니?
- 네가 바꾸고 싶은 것 한 가지를 선택해 보자. 그리고 그것을 자세히 그려 볼 수 있겠니? 모래 상자에 표현해 볼 수 있겠니?
- 이 목표를 이루기 위해서는 어떤 단계들이 필요한지 얘기해 주겠니?
- 이 계단을 올라간 피규어에게 새로 바뀐 세상은 어떻게 보이니?

과제

내담자는 자신이 만든 계단을 집에 가져갈 수 있다. 내담자가 목표 달성을 향해 나아갈 수 있도록 목표 달성의 첫 번째 단계를 연습하게 한다. 이 단계는 보통 시간, 장소, 빈도 또는 특정한 행동, 감정 및 생각이 발생하는 방식에 대한 인식과 관련되어 있다.

특별 고려사항

더 어린 내담자에게는 '기분 좋아지기' '선생님 말 잘 듣기' 등의 매우 간단한 일들도 치료 목표가 될 수 있다. 이 경우 치료사는 목표 설정을 위해 내담자가 각 단계를 잘 설정할 수 있도록 도울 책임이 있다. 사실 아주 어린 아동은 계단을 한 장소에서 다른 장소로의 이동으로만 이해하는 경우가 있다. 이런 경우에는 변화의 의미를 이해시키기 위해 유아의 수준에 맞게 적절하게 설명하도록 한다.

적용 및 수정

특히 집단이 (가정 폭력과 같은) 특정 치료 문제를 가지고 있거나 ADD(주의력 결핍) 아동을 위해 만들어진 경우, 집단 내담자들도 이 목표 설정 접근법을 활용할 수 있다. 치료 목표 달성을 위한 목표와 각 단계는 유사하기 때문에 함께 변화를 위한 단계별 지침을 만드는 것이 서로에게 도움이 될 수 있다. 집단 환경에서는 더욱 큰 재료를 사용하여 계단을 만드는 것이 바람직한데, 이는 모든 집단 구성원이 실제로 무엇인가를 만드는 운동 감각 활동에 참여할 수 있기 때문이다.

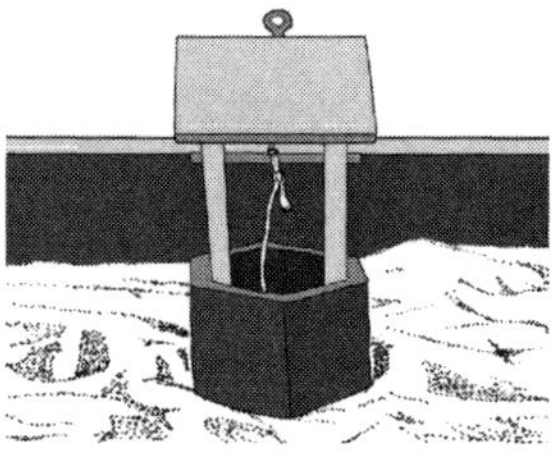

소원을 비는 우물 (Wishing Well)

치료 양식: 개인/집단/가족

대상: 3세~성인

치료 단계: 초기 단계

치료 목표

1. 내담자의 소원과 꿈을 진단할 수 있도록 돕는다.
2. 내담자의 내부 욕구와 의지를 활용하도록 격려한다.
3. 내담자가 내면화가 가능한 평화와 기쁨의 시각적 이미지를 만들어 내도록 돕는다.

준비물

–소원을 빌 수 있는 장난감 우물

–장난감 돈

–모래 상자

–모래 상자용 피규어

–카메라

진행 방법

이 활동은 내담자에게 꿈꾸고 상상할 수 있는 능력을 사용하는 동안 운동할 수 있는 기회를 부여한다. 아동은 연못이나 분수대에 동전을 던져 넣는 것을 좋아한다. 먼저, 아동에게 소원을 이루기 위해 분수대로 돈을 던지면서 소원을 비는 사람을 본 적이 있는지 물어본다. 소원을 빌 수 있는 장난감 우물을 보여 주고, 모래 상자의 가운데에 놓는다. 내담자에게 장난감 동전 한 주먹을 준다. 동전을 우물에 던져 넣을 때마다 한 가지의 소원을 빌 수 있다고 말해 준다. 가능 여부에 관계없이 무슨 소원이든지 빌 수 있다는 점을 주지시킨다.

치료사는 내담자가 소원 빌기를 시작할 수 있도록 몇 가지의 비현실적 또는 현실적인 소원을 예로 들어 줄 수 있다. 내담자는 동전을 던지며 소원을 소리 내어 말한다. 나이가 많은 내담자는 눈을 감거나 또는 먼거리에서 동전을 던지면 어려움을 느낄 수 있다. 치료사는 서기가 되어 모든 소원을 받아 적는다. 소원은 주로 내담자가 이루고자 하는 치료의 목적을 알려 주는 열쇠가 된다. 소원은 주로 가정이나 또래 관계, 내면의 변화에 관계된 것들을 말한다.

이 정보는 치료사가 치료 계획을 세울 때 중요하다. 내담자가 '소원 목록'을 모두 말하고 나면 치료사는 그 소원을 다시 내담자에게 읽어 준다. 내담자가 소원 중 하나를 골라 모래 상자에 그 소원을 시각화하도록 격려한다. 예를 들어, 내담자의 소원이 세계 평화라면 본인이 생각하는 평화의 모습을 모래 상자에 구현하게 될 것이다. 내담자가 모래 상자 속 세계를 창조하고 바라봄으로써 이 시각적 이미지는 내면화되고, 미래에 안정감을 주는 용도로 사용될 수 있다. 완성된 모래 상자는 사진으로 찍어 내담자에게 준다.

진행 과정 중 가능한 질문

– 만약 무엇이든 빌 수 있다면 어떤 소원을 빌고 싶니?
– 가족이나 세계, 네 자신, 너의 친구 관계에서 일어났으면 하는 변화를 한 가지만 이야기해 보겠니?

과제

최소 하루에 한 번 모래 상자에 만들었던 것을 떠올려 보라고 이야기한다. 내담자가 이야기한 소원 목록을 한 부 주고, 치료 도중에 다루어 볼 수 있는 소원을 골라 보라고 한다.

특별 고려사항

내담자는 '새가 된다면' '세상에 있는 돈을 다 가질 수 있다면'과 같은 비현실적인 소원을 이야기하곤 한다. 이러한 소원들을 치료 목표로 바꾸는 길은 찾기 어려울 수도 있다. 이 경우에 치료사는 내담자와 함께 더 깊이 탐구해야 한다. 내담자가 부러워하는 새가 되는 것은 어떤 의미일까? 그 대답이 '자유'라면 무엇에서의 자유인지 다시 질문할 수 있을 것이다. 이러한 방식으로 변화와 관련된 욕구의 근원적인 부분을 현실적인 치료 목표로 전환할 수 있다.

적용 및 수정

이 활동을 변형시킬 수 있는 재미있는 방법은 내담자, 집단 또는 가족에게 스스로 소원 우물을 만들어 보라고 하는 것이다. 소원 우물은 오래된 상자 및 양동이, 휴지심, 줄을 이용해 만들 수 있다. 집단의 경우에 소원 우물을 매주 의례화할 수도 있다. 집단 회기를 시작할 때 각 구성원은 장난감 돈을 받고 집단 앞에서 소리 내어 소원을 말하도록 한다. 여기서 말하는 소원이 회기 중에 일어났으면 하고 바라는 일이나 이야기해 보고 싶은 주제, 이 집단 활동을 통해 바꾸고 싶은 행동 등이 될 수 있도록 유도한다.

반대편엔 무엇이 있을까?
(What's on the Other Side?)

❶ **치료 양식**: 개인/집단/가족

❶ **대상**: 6세~성인(특히 사춘기 청소년에게 효과적)

❶ **치료 단계**: 초기 단계

❶ **치료 목표**

1. 내담자가 어느 분야에서 변화가 필요한지 정확히 알 수 있도록 돕는다.
2. 내담자가 목표 설정에 관여할 수 있도록 돕는다.
3. 내담자의 목표의 우선순위 설정을 돕는다.
4. 내담자가 '더 나아진' 미래를 그릴 수 있도록 돕는다.
5. 내담자가 지닌 희망에 긍정적 영향을 주도록 한다.

❶ **준비물**

–여닫이창이 있으며 받침대 없이 세울 수 있는 문(레고나 플레이모빌에 있는) 또는 찰흙

–모래 상자

–모래 상자용 피규어

⚲진행 방법

아동과 청소년은 부모나 교사와 같은 다른 사람이 이들에게 치료가 필요하다고 생각해서 치료를 받게 되는 경우가 대부분이다. 이는 내담자가 스스로 치료 과정의 주도권을 지니는 것을 어렵게 만들 수 있다. 이 활동은 아동이 자신의 삶이 어떻게 달라졌으면 좋겠다고 생각하는지를 알아볼 수 있는 재미있는 방법이다. 여기서 모래 상자는 경계선으로 작용하여 무의식의 생각을 공유하게 해 주는 안정적 매개체가 되어 준다.

이 기법은 신체를 활용한 참여를 가능하게 할 뿐만 아니라 치료 중 정신적 · 신체적 교감을 강화하며 아동 자신의 창의력과 표현력이 주도할 수 있도록 한다.

먼저, 내담자에게 준비한 문을 보여 준다. 아치형 입구처럼 간단한 모양도 가능하다. 치료사는 문이 어떻게 현실세계에서 또 다른 세계로 가는 통로가 되는지 설명해 준다. 치료사는 상담실 로비와 놀이치료실의 느낌과 모양을 대조해서 설명할 수도 있다. 내담자에게 이 두 공간은 겨우 문 하나로 분리되어 있을 뿐이라는 점을 상기시킨다. 그런 다음 내담자가 선택한 문을 모래 상자 중앙에 두게 한다. 문의 한쪽에는 '나를 가장 괴롭히는 것'이 있는 세계를 만들게 하고, 이 세계가 완성되면 문의 반대편에 '문제가 해결된' 세계를 만들어 보게 한다.

이 활동은 내담자가 성취하고자 하는 변화가 무엇인지 명확하게 알 수 있도록 해 준다. 내담자에게 자신을 상징하는 피규어를 고르게 한다. 내담자가 이것을 '불편한' 세상 쪽에 두고, 이 세상에서는 어떤 것을 느끼고 어떤 것을 보는지, 두려워하는지 등을 이야기한다. 그러고 나서 내담자는 다시 이 피규어로 문을 지나 반대쪽 세계에서도 같은 내용을 이야기하도록 한다. 치료 목표는 이 피규어가 문을 열고 새로운 세상으로 들어가는 방법과 관련된 질문에서 도출된다.

⚲진행 과정 중 가능한 질문

- 어떤 문을 만들고 싶니?/어떤 문을 선택하고 싶니?
- 너를 가장 불편하게 하는 것은 무엇인지 생각해 보고, 그것을 모래 상자에 만들어 보겠니?
- 해결된 상황을 그려 보고 모래 상자에 만들어 보겠니?
- 문제를 해결하기 위해서 오늘 해 볼 수 있는 작은 일로는 무엇이 있겠니?

과제

내담자가 '문제를 해결하기 위해 할 수 있는 작은 일'에 대답을 내놓으면, 다음 일주일 동안 이 새로운 방법의 실행을 살펴볼 수 있도록 도와줄 표를 만든다. 예를 들어, 내담자가 사회 불안과 싸우고 있다면 첫 번째 단계는 매일 하루 한 명에게 인사를 하는 것일 수 있다. 이 행동으로 인한 성과에 대하여 스스로 보상하거나 보호자로부터 보상을 받으면서 새로운 행동이 창출하는 성과를 알아보기 위한 긍정적 강화 체계를 만드는 것도 가능하다.

특별 고려사항

부정적인 행동을 자주 하는 내담자는 종종 자신의 문제를 축소하는 경향이 있다. 그들은 어려움의 원인을 남의 탓으로 돌리기도 한다. 예를 들어, 한 내담자는 자신의 남동생이 문제라고 보았다. 따라서 '문제가 나아진' 세계로 남동생의 변화에 초점을 두었다. 내담자가 타인을 변화시킬 수 있다고 믿는 것을 조심스럽게 수정해 주는 것은 치료사의 중요한 역할이다. 내담자가 스스로 통제할 수 있는 것은 자신의 선택과 행동 반응뿐이라는 사실을 인지하도록 도와야 한다.

적용 및 수정

이 기법은 가족 치료에서 활용하기에 매우 좋다. 각 가족 구성원은 자신의 문을 만들고 모래 상자에 문제와 문제가 해결된 두 개의 세계를 만든다. 각 구성원이 돌아가면서 자신의 모래 상자를 설명하는 동안 다른 가족 구성원들은 설명을 하는 가족이 문제를 인지하는 방식에 관하여 입체적으로 바라볼 수 있게 된다.

먹을 수 있는 마법 지팡이
(Edible Wishing Wands)

치료 양식: 개인/집단/가족

대상: 3~12세

치료 단계: 평가/연결 단계

치료 목표

1. 내담자에게 힘과 통제를 경험하게 해 준다.
2. 내담자의 문제 영역을 공략한다.
3. 내담자의 투사된 소원 충족을 평가한다.
4. 이러한 내용을 기반으로 목표를 설정한다.

준비물

–통밀빵

–땅콩버터

–20cm 길이의 프레즐(빵) 막대기

–별 모양 쿠키 틀

–리본 끈

진행 방법

대부분의 치료사는 아동에게 세 가지 소원을 말하게 하는 진단법에 익숙하다. 이 기법을 가끔씩 반복하면 치료사는 내담자가 지닌 소원 충족에 대한 환상 및 문제 해결과 관련된 풍부한 투사 정보를 습득할 수 있다. 내담자는 이 '세 가지 소원'을 응용해서 자신만의 마법 지팡이를 가질 수 있을 뿐 아니라 심지어 먹을 수도 있다!

치료는 아동에게 마법 지팡이에 대해 물어보면서 시작된다. '마법 지팡이'를 어디에서 본 적이 있는지, 어떤 상황이었는지, 동화나 영화 속 어떤 인물들이 마법 지팡이를 사용하고 어떻게 사용하는지를 물어본다. 마법 지팡이는 힘의 상징이며, 종종 세상을 지팡이 주인이 원하는 것에 가깝게 만들어 준다. 내담자에게 오늘 마법 지팡이를 만들 것이고, 마지막에는 먹을 수도 있다고 알려 준다.

음식은 유아와 주 양육자 사이에 일어나는 첫 번째 양육 활동이다. 이는 아동이 자신의 욕구가 충족되고, 사랑받고 있으며 안전하다고 여기는 첫 번째 방법이다. 아동은 음식을 만들 때 스스로 유능하다고 느낄 뿐만 아니라 긍정적 애착 행동을 만들어 낼 수 있다. 아동에게 빵 두 조각을 주고 틀을 이용해 별 모양의 빵 두 개를 만들도록 한다. 아동이 별 하나를 만들 때, 자신이 이루고 싶은 소원 두 가지를 말하게 한다. 이 소원은 '아버지가 긴 출장에서 돌아오는 것'이나 '생일 선물로 강아지를 받는 것'처럼 간단한 것일 수 있다. 다음 단계는 잘라 낸 빵 조각 사이에 땅콩버터를 발라 별 모양 샌드위치를 만드는 것이다.

마지막으로, 아동이 긴 프레즐 막대기를 들고 땅콩버터가 발라져 있는 빵 사이에 끼워 넣어 지팡이의 손잡이를 만드는 것이다. 지팡이가 완성되고 나면 아동에게 리본 등으로 지팡이를 꾸미게 한다. 하나의 리본은 아동이 이루고 싶은 소원 하나를 상징할 수도 있다. 지팡이가 완성되면 아동에게 지팡이를 흔들며 소원 세 가지를 소리 내어 말하게 한다. 마법사처럼 망토를 두르고 모자를 쓰거나 요정 날개를 단다면 경험을 더욱 강화할 수 있다.

진행 과정 중 가능한 질문

–마법 지팡이를 보면 어떤 생각이 드니?
–마법 지팡이로 어떤 소원을 빌었니?
–부모님이 이런 소원을 빌었다는 걸 아신다고 생각하니?

–제일 중요한 소원을 선택하고, 이 소원을 이루기 위해 할 수 있는 일 한 가지는 어떤 것이 있겠니?

과제

이 기법은 진단을 목적으로 한 것이기 때문에 과제가 필수는 아니다. 그러나 치료사는 아동에게 일주일 동안 무언가를 바랄 때마다 한 번 더 생각해 볼 것을 제안해 볼 수 있다. 예를 들어, 내담자는 또래들이 노는 것을 보면서 함께 노는 것을 소원으로 빌 수 있다. 그 소원을 이루기 위한 첫 번째 방법을 시도해 보도록 격려한다. 이 예시에서는 또래에게 다가가 '안녕'이라고 인사하는 것이 그 방법일 수 있다. 다음 상담 때 어떻게 되었는지 이야기해 보도록 한다.

특별 고려사항

치료사가 음식을 이용한 활동을 할 때는 음식 알레르기에 주의해야 하며, 더욱이 음식이 아동에게 어떤 의미인지 아는 것도 매우 중요하다. 이 방법은 식이 장애가 있는 아동이나 비만 아동에게는 금지된다. 또한 치료에 음식을 사용하는 것에 대해 보호자의 동의도 미리 받아야 한다.

적용 및 수정

이 활동은 진단 과정의 일부로서 개인 회기를 대상으로 고안되었다. 그러나 먹을 수 있는 마법의 지팡이를 집단 회기에 사용하면 여러 면에서 유용한데, 이는 특히 경험의 일반화와 관련이 있다. 집단이 지닌 치유적 기능은 아동이 자신의 소원('부모님이 싸움을 그만하게 해 주세요.' '아빠가 집에 돌아오게 해 주세요.' 등)을 다른 아동과 공유할 수 있다는 것을 알게 될 때 특히 유용할 수 있다.

이 활동은 외상(트라우마)을 겪은 사람에게도 응용될 수 있다. 마법 지팡이는 피해자를 가해자로부터 떨어뜨리는 힘을 가진 도구로 사용되며, 가해자와 관련된 소원을 이루어 주는 역할도 한다. 이 경우에 세 가지 소원은 내담자가 바꾸고자 하는 과거의 일이나 가해자에게 하고 싶은 행동일 수 있다. 『Gabby the Gecko』에서 와일리라는 이름의 도마뱀 마법사가 개비에게 주문을 건다. 힘과 깨달음을 얻는 여행을 통해 개비는 마침내 자신에게 걸린 침묵의 주문을 깨고 무릎 위에 마법사의 지팡이를 올려놓고 부러뜨린다. 이 책을 읽은 내담자는 가해자의 힘을 상징하는 마법 지팡이를 만든 후 자신이 겪었던 학대를 상징하는 이 마법 지팡이를 부러뜨리는 운동 감각을 경험할 수 있게 된다.

던져 버리기
(Throw It A-Weigh)

치료 양식: 개인/집단/가족

대상: 5세~성인

치료 단계: 중기 작업 단계

치료 목표

1. 내담자가 치료 목표를 세울 수 있도록 돕는다.
2. 내담자가 어떠한 신념이나 감정, 관계가 목표 달성을 방해할 수 있는지 파악하도록 돕는다.
3. 내담자가 치료의 진전을 방해할 수 있는 짐을 버릴 수 있도록 돕는다.

준비물

–백팩

–다양한 모양과 크기의 돌 또는 돌 모양 탱탱볼

–종이

–마커펜(유성펜)

진행 방법

치료의 초기 단계에서는 라포 형성과 목표 설정에 많은 시간을 투자하게 된다. 이 활동은 목표 설정 과정에 자연스럽게 추가되는 활동이다. 취학 연령의 아동은 대부분 백팩에 익숙하다. 내담자에게 자기의 백팩을 가져오게 하거나 놀이치료실에서 선택하게 한다.

이제 산을 그리도록 한다. 내담자에게 산 아래에 있는 그림과 꼭대기에 있는 그림을 각각 그리게 한다. 내담자의 그림 속 위쪽의 산 정상에 치료 목표를 적는다. 내담자에게 산꼭대기에 오르는 것(치료 목표 달성)이 하나의 여행이라고 설명해 준다. 따라서 내담자는 몇 가지 물건들을 가져가야 한다. 백팩에 넣을 수 있고 등산에 필요할 수 있는 물건의 목록(물, 나침반, 여벌 양말, 우비 등)을 작성하는 것을 도와준다. 그런 다음 내담자의 잘못된 신념, 부족한 소통의 기술, 부정적 행동 등과 같이 매일 지니고 다니는 것들의 목록을 작성하도록 돕는다. 이것들은 무겁기 때문에 내담자를 억누르고 여정을 더욱 힘들게 만든다는 점을 설명한다.

내담자에게 빈 백팩을 매게 한다. 그런 후 '짐 목록'을 다시 살펴보며 짐 하나당 돌(탱탱볼) 하나를 가방에 넣도록 한다. 그리고 내담자가 산을 오르는 데 필요하다고 생각되는 물건을 담도록 한다. 돌은 무거울 뿐 아니라 '생존 키트'에 필요한 자리마저 차지한다는 것을 알게 될 때 이 짐을 덜어 내야 한다는 동기가 한층 강화될 것이다. 내담자에게 필요한 것을 넣을 공간을 만들기 위해 돌(탱탱볼)을 꺼내 비우도록 한다. 이 덜어 낸 돌은 치료를 통해 해결되어야 할 문제 대부분을 나타낸다.

진행 과정 중 가능한 질문

- 산꼭대기에 섰다고 상상했을 때(목표를 이루었다고 생각했을 때) 기분이 어땠니?
- 돌이 백팩에 가득 차 있을 때 느낌이 어땠니?
- 돌이 들어 있을 때 다른 것들을 넣을 자리가 있었니?
- '생존 키트'를 위한 자리를 만들기 위해 무엇을 해야 했니?
- 실제로 이런 짐들을 마음에서 덜어 내기 위해 우리가 어떻게 도울 수 있겠니?

과제

내담자에게 매일 밤 잠들기 전 시각화를 연습하도록 요청한다. 먼저, 산 아래에서 있는 자신을 상상하도록 한다. 그리고 자신이 지고 있는 무게를 상징하는 모든 돌을 의도적으로 버리는 장면을 시각화하도록 한다. 그러고 나서 필요한 것만 백팩에 다시 챙겨 넣는 장면을 상상해 본다. 내담자는 산꼭대기에 서 있는 자신을 상상할 수 있을 때까지 이 시각화를 계속해야 한다.

특별 고려사항

이 활동이 유익하려면 내담자는 문제가 되는 자신의 행동 및 신념, 관계의 부분을 치료사에게 드러낼 감정적 · 심리적 준비가 되어 있어야 한다. 이것은 치료사가 내담자를 예측할 수 있고, 정상적이 되게 하는 데 중요하다.

적용 및 수정

짐을 모두 제거하고 나면 여정을 성공적으로 마치기 위한 생존 키트 물건을 모으는 것으로 초점을 바꾼다. 다양한 도구와 가치 있는 생존 전략 간의 유사점을 찾아낼 수도 있다. 예를 들어, 여행자는 충분한 물이 필요하다. 물은 식수이자 에너지를 보충하는 용도이다. 이처럼 내담자는 긍정적인 자기 암시(self-talk)를 통해 에너지를 보충하거나 사회적 지지와 격려를 통해 에너지를 보충할 필요가 있다.

제2장

트라우마에 시달리는 내담자와 함께 지지와 안전함을 구축하기

Building Safety and Support with Traumatized Clients

집이 최고야
(No Place Like Home)

❶ 치료 양식: 개인

❶ 대상: 5~18세

❶ 치료 단계: 중기 작업 단계

❶ 치료 목표

1. 내담자의 안정감 및 안전감을 재정립한다.
2. 내담자가 안전한 장소를 만들거나 기억하는 것을 돕는다.
3. 내담자가 불안하거나 격앙되어 있을 때 안전한 장소를 상상하는 것을 돕는다.
4. 내면화된 안전한 이미지를 활용해 트라우마로 인한 불안을 완화시킨다.

❶ 준비물

–낡은 여성용 신발 한 켤레
–빨간 반짝이, 스팽글 등
–풀
–아동용 사이즈의 빨간 구두
–모래 상자와 빨간 모형 구두

진행 방법

전통적으로 휴식 및 스트레스 관리법은 시각화와 이미지 유도 기법에 중점을 두어 왔다. 치료사가 자주 쓰는 말로 "안전한 장소들을 시각화해 보세요."가 있다. 문제는 트라우마에 시달리는 많은 아동에게 안전한 장소가 없다는 점이다. 이들의 경우, 더 적합한 문장은 "안전한 장소를 '상상해' 보세요." 또는 "안전한 장소를 '만들어' 보세요."가 될 것이다. 이 활동은 안전한 장소를 상상하도록 허락하고 아동의 창의력을 자극하기 위한 목적으로 고안되었다.

치료사는 아동에게 영화 〈오즈의 마법사〉를 보았는지 물어본다. 만약 영화를 보았거나 책을 읽었다면 다음 활동으로 나아간다. 만약 아동이 영화/책을 보지 않았다면 그 영화에 대해 그 연령에 맞는 접근법으로 설명하는 것이 가장 좋다. 영화에 대한 이야기를 할 때 아동이 참여하도록 한다. 도로시라는 작은 소녀는 집을 좋아하지 않으며 다른 곳으로 가기를 원한다.

아동에게 오즈의 땅에 관해 기억나는 점을 묘사하도록 한다. 그리고 칙칙한 흑백으로 이루어진 집에서 화려한 색의 오즈로 화면이 바뀔 때 어떤 기분이었는지 물어본다. 재미없는 캔자스 지역과 아동 자신의 경험을 비교해 볼 수도 있다. 이제 낡은 신발 한 켤레를 아동에게 주고 이 신발은 폭력, 불안 등으로 가득할 수 있는 아동의 일상을 상징한다고 설명한다. 그런 다음 반짝이와 스팽글 등을 보여 주고 이것들은 아동의 상상력 및 창의력, 심지어 마법을 상징한다고 알려 준다. 신발에 빨간색 반짝이를 붙이는 등 도로시의 마법의 구두 만들기에 초대한다. 이 활동은 아동이 바쁘게 움직이도록 만들면서 아동과 치료사가 공동의 과업에 집중할 수 있게 하는데, 이렇게 함으로써 아동의 방어벽은 약해질 것이다.

아동이 신발을 장식하는 동안 아동이 만들고 싶은 안전한 장소에 대해 자연스럽게 대화를 시작한다. 그러고 나서 그림을 그리거나 모래 상자를 이용해 안전한 장소를 표현한다. 장식한 빨간 구두를 신고 눈을 감도록 한다. 눈 감는 것을 불편해하는 아동도 있는데, 그런 경우에는 강요하지 않는다. 이 단계에서 치료사는 모래 또는 종이에 만들어 낸 안전한 외부 장소를 아동이 내면화할 수 있도록 돕는다.

이제 구두 뒷굽을 땅에 부딪쳐 딸각 소리를 낸 다음 안전한 장소로 이동하는 자신을 상상하도록 한다. 이 내면화 연습을 하고 나면 도로시가 중얼거리곤 했던, "집이 최고야, 집이 최고야."라는 주문을 떠올리게 한다. 그런 다음 안전한 이미지를 상기할 수 있게 도와줄 자신만의 주문을 만들도록 한다. 일례로, '나의 안전한 장소, 나만의 장소'가 있다.

이 활동은 아동이 원하는 만큼 반복할 수 있다. 아동이 안전한 장소를 상상하는 동안 느끼는 감정들을 잘 다루어 준다. 집, 학교 등을 비롯한 다른 환경에서도 이 감정들이 효과를 발휘할 수 있도록 구두가 없어도, 눈을 뜨고도 내면의 안전한 장소로 가는 것을 연습하도록 아동을 격려한다.

진행 과정 중 가능한 질문

–영화 처음에 도로시가 자기를 둘러싼 흑백 세상에 대해 어떻게 느꼈겠니?
–새로운 세상(오즈)에서는 무엇이 달라졌니?
–네가 만든 장소의 어떤 부분으로 인해 더욱 안전함을 느끼는 거니?
–구두를 부딪치지 않고도 어떻게 안전한 장소로 갈 수 있겠니?

과제

놀이치료실에서 아동이 자신의 안전한 장소를 상상하는 것을 연습하고 나면 다음 회기까지 그 이미지를 의도적으로 세 번 이상 떠올리도록 과제를 준다. 다음 번에 만나면 그 경험이 어땠는지 함께 이야기한다.

특별 고려사항

영화에서 도로시는 구두로 바닥을 두드리기 전에 눈을 감지만, 이것은 트라우마를 겪고 있는 아동에게는 매우 힘든 일이다. 외상 후 스트레스 장애(PTSD)의 증상은 항상 긴장하거나 '경계 태세'를 유지해야 하는 감각의 극단적 발달을 포함한다. 어떤 의미에서는 PTSD 증상 아이들은 항상 다른 신발이 떨어지기를 기다린다. PTSD 증상 아동은 눈을 감으면 폭력과 공포에 시달릴 수 있다. 이들에게는 눈을 감자고 제안해 볼 수는 있지만 이를 요구하는 것은 결코 바람직하지 않다.

적용 및 수정

이 활동은 여러 가지로 변형해 볼 수 있다. 그중 한 가지는 치료 목적에 따라 바꾸는 것이다. 영화 〈오즈의 마법사〉의 마지막에서 도로시는 집을 그리워한다. 입양되거나 안전한 위탁가정으로 보내지는 아동이라면 이 활동을 이용해 예전의 집과 현재의 안전한 집을 비교해 볼 수 있다. 빨간 구두를 폭력에 시달린 과거의 집에 작별을 고하는 도구로 사용할 수 있다. 그들은 자신의 삶에 문을 닫는 주문을 외울 수 있게 된다. 입양되기를 기다리는 아동의 경우 이 활동을 통해 그들이 생각하는 이상적인 집은 어떤 모습인지를 들어 볼 수 있다. 이 활동은 아동을 적합한 가족으로 입양을 보내는 데 도움이 된다.

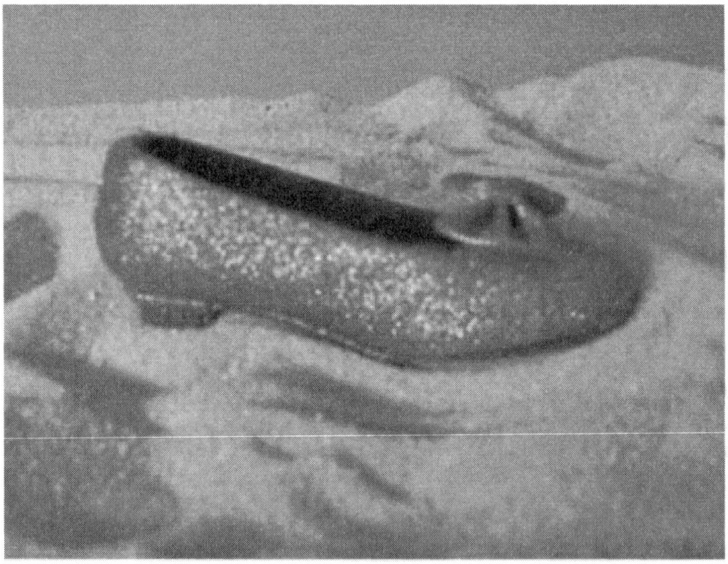

견디는 방법 배우기
(Learning to Bear It)

❶ 치료 양식: 개인/가족

❶ 대상: 6~12세

❶ 치료 단계: 연결 단계

❶ 치료 목표

1. 치료사/놀이치료실의 안전함과 아동을 둘러싼 나머지 환경 사이의 연결 고리로써 기능할 수 있는 중간대상을 만든다.
2. 지지 체계에 대한 내담자의 자각을 높여 준다.
3. 자살금지 계약을 통해 자살 충동을 완화시킨다.
4. 종료 시 성취 결과를 내담자가 축하하도록 돕는다.

❶ 준비물

–그리기용 곰 인형(그림이나 글씨를 쓸 수 있는 용도)

–마커펜(유성펜)

진행 방법

트라우마에 시달리는 아동에게 치료사는 유일하게 안전하다고 느끼는 대상일 수 있다. 이 경우 중간대상을 통해 치료사의 영향력을 극대화하는 것이 아동에게 도움이 될 수 있다. '그리기용 곰 인형'은 바로 중간대상의 역할을 한다. 깨끗한 흰색 면이나 모슬린 천으로 만들어진 곰 인형이면 가능하다. 이것은 원래 졸업하는 학생을 위해 메시지를 적을 수 있는 일종의 졸업앨범의 용도로 만들어졌다. 학생들은 같은 반 친구를 기억하기 위해 친구들에게 곰 인형에 메시지를 적게 한다. 이 곰 인형이 치료 환경에서는 훌륭한 중간대상으로 사용될 수 있다.

먼저, 아동에게 곰 인형을 보여 주고 모든 사람이 때때로 특별한 친구를 필요로 한다는 점에 관해 이야기한다. 자살 충동 내담자에게 가장 좋은 방법 중 한 가지는 자살금지 계약을 맺도록 해 내담자에게 안전에 대한 의무감을 부여하는 것이다. 자살금지 계약을 작성한 후 곰 인형에 내담자를 지지하는 사람들의 이름과 전화번호를 적도록 한다. 내담자가 자살충동이 든다면 이 중 누구에게라도 전화하라고 말해 준다. 곰 인형은 치료의 마지막 단계에서 사용할 수도 있다.

진행 과정 중 가능한 질문

–네가 듣기 좋아하는 말은 어떤 것들이 있니?
–네가 들으면 불편한 말이나 질문은 무엇이니?
–누군가 하는 말이 자신을 불편하게 만들고 있다는 것을 어떻게 알게 될까?
–상대의 말이 불편하다는 것을 그 사람에게 어떻게 알게 할 수 있겠니?

과제

아동이 놀이치료실에서 휘파람 부는 것을 연습했다면, 혹시 집에서나 학교에서 부적절한 말들을 듣지 않았는지 기억해 보라고 한다. 한 주 동안 들었던 적절하지 못한 말을 두세 개쯤 적어 다음 치료 시간에 가져오도록 한다. 또는 휘파람 불기를 연습하는 대신, "그것은 나를 불편하게 해."와 같은 문장을 일주일에 최소 두 번 말하도록 한다.

특별 고려사항

성적 학대를 당한 아동은 가해자가 자신에게 폭력을 가하는 도중에 했던 말들을 기억하기 힘겨워할 수도 있다. 그렇다면 치료사는 좋은 터치(스킨십)와 나쁜 터치에 대해 알려 주는 것과 동일한 방식으로 적절한 언어 표현과 부적절한 언어 표현을 알려 주기 위해 많은 노력을 기울여야 한다. 아직 사건에 대한 조사가 이루어지고 있다면 이 활동을 추천하지 않는다. 치료사의 '교육'으로부터 영향을 받을 수 있기 때문이다.

또한 만약 치료사가 가해자 역할을 한다면 그 상황은 현실과는 분명히 분리되어야 하고, 본래 내담자와 치료사의 실제 관계에 대해 혼란을 주어서는 안 된다. 내담자가 불안해하거나 혼란스러워할 때는 언제나 즉시 치료를 멈추도록 한다.

적용 및 수정

이 활동은 원래 성적 학대를 당한 아동을 위해 고안되었지만 예방을 위한 안전교육과정으로 모든 아동에게 사용될 수 있다. 이 기법은 자기 의사 표현에 어려움을 겪는 아동이 본인의 부적절한 언어 표현을 자각하도록 도울 수 있다는 점에서 매우 유용하다. 우리는 종종 다른 아동을 괴롭히고 언어폭력을 휘두르거나 적절하지 못한 말을 내뱉는 아동을 볼 수 있다. 이 활동은 아동이 자신의 폭력적인 행동에 직면할 수 있도록 돕는다.

My
Mom
324-6200

최고의 공동체
(Crowning Community)

치료 양식: 개인/집단/가족

대상: 4~18세

치료 단계: 초기/중기 작업 단계

치료 목표

1. 내담자가 자신의 사회적 지지 네트워크를 인지할 수 있도록 돕는다.
2. 내담자가 트라우마로 인한 부정적인 감정(고립감)을 이겨 내도록 돕는다.
3. 내담자가 사회적 지지를 요청하는 것을 훈련할 수 있도록 돕는다.

준비물

－공작용 종이 또는 흰 종이

－종이 인형 틀

－가위

－테이프/스테이플러

－반짝이

－크레용/마커펜(유성펜)

진행 방법

트라우마에 시달리는 아동은 종종 고립되어 있다고 느낀다. 그들은 자신을 이해할 수 있는 사람은 없다고 믿기 때문에 트라우마 경험을 혼자서 감당하려고 한다. 트라우마로 인한 증상을 줄일 수 있는 방법 중 하나는 사회적 지지에 대한 아동의 인식을 높이고 성공적으로 활용하도록 돕는 것이다. 이 활 동은 재미있는 방식으로 아동이 목표를 달성할 수 있도록 도울 수 있다.

먼저, 아동에게 종이 인형 틀을 보여 주고, 만드는 과정을 보여 준다. 종이를 여러 번 접은 후 종이 인형 틀의 모양에 맞춰 자른다. 그러면 여러 개의 종이 인형들이 연결되어 있는 인형 사슬이 만들어질 것이다. 내담자가 지지자를 몇 명이나 적었는지에 따라 두세 장의 종이를 더 사용할 수 있다. 인형 사슬의 각 인형마다 지지자의 이름을 쓴다. 만약 아동이 지지자의 이름을 기억해 내지 못한다면 치료사는 내담자의 지지 체계를 정확히 이야기해 주도록 한다.

이름을 적은 후, 내담자는 인형의 옷을 입히거나 인형을 꾸며서 최대한 그 사람과 비슷하게 만든다. 예를 들어, 할머니라면 회색 머리와 안경을 그려 넣는 식이다. 걸스카우트의 리더일 경우 걸 스카우트 유니폼을 그려 넣는다. 각 사람의 이름은 반드시 쓰도록 한다. 전화번호를 덧붙여도 좋다. 만약 내담자가 대화를 하고 싶다면 실제 존재하는 이름 및 전화번호 목록을 가지게 되는 셈이다.

내담자가 자신을 지지하는 모든 사람을 적도록 돕는다. 실제로 아동을 지지하고 도울 수 있는 사람은 종종 아동의 생각보다 많다. 인형 사슬이 완성되면 첫 번째 인형과 마지막 인형을 테이프로 붙여 내담자를 위한 왕관이나 목걸이를 만든다.

진행 과정 중 할 수 있는 질문

–슬프거나 무서울 때 이야기할 수 있는 사람들은 누가 있니?
–놀고 싶을 때 함께 놀 수 있는 사람은 누가 있니?
–포옹이 필요할 때 끌어안을 수 있는 사람은 누가 있니?
–너에 관한 중요한 질문에 대답해 줄 수 있는 사람은 누가 있니?
–무언가로 불편함을 느낄 때 누구에게 말할 수 있니?

과제

내담자에게 종이 인형 사슬과 두세 개의 종이 인형을 더 집에 가져가게 한다. 일주일 동안 내담자에게 자신을 지지하는 사람이 누구인지 계속 생각해 보게 한다. 내담자가 학교에 가거나 다른 활동을 하면서 치료 시간에 기억해 내지 못했던 사람을 떠올릴 수도 있다. 이 경우 집에 가져간 종이 인형을 꾸며 아동이 만들었던 왕관이나 목걸이에 추가할 수 있다.

특별 고려사항

자신에게 일어났던 일을 부끄러워하는 아동의 경우 이 활동에 참여하는 것을 꺼릴 수 있다. 내담자가 모든 사람에게 과거의 일을 말할 필요는 없지만 공유할 수 있는 안전한 지지자를 가져야만 한다. 많은 지지자의 이름을 말하지 못하는 아이들이 표현하는 저항을 분석하고 부끄러움 및 불신, 당황스러움과 같은 근원적인 문제들을 치료 중에 동시에 해결될 수 있도록 한다.

적용 및 수정

이 활동은 사슬을 만들 때 부모나 양육자가 함께 있다면 더욱 유용할 수 있다. 부모는 옆에서 지지자의 이름을 이야기해 줄 수도 있고 종이 인형에 적을 전화번호를 더 많이 알고 있을 가능성이 높기 때문이다.

나만의 바람개비 (Personalized Pinwheels)

치료 양식: 개인/집단/가족

대상: 4~18세

치료 단계: 초기/중기 작업 단계

치료 목표

1. 내담자에게 트라우마의 증상 완화를 위한 스트레스 예방 훈련의 역할에 대해 알려 준다.
2. 내담자에게 깊게 심호흡하는 법을 가르친다.
3. 내담자가 야간에 느끼는 불안을 이겨 내도록 돕는다.

준비물

–종이

–펜

–다양한 모양 및 크기의 바람개비

진행 방법

스트레스 예방은 트라우마에 시달리는 아동의 치료에 있어 중요하다. 치료사는 아동이 자신의 호흡을 조절하는 개별적인 기술을 습득하길 바란다. 아동은 공포를 느끼거나 과거의 트라우마를 기억할 때 호흡이 짧고 얕아진다. 이는 패닉을 부추기며 통제를 더욱 어렵게 만든다. 아동에게 깊고 느린 속도로 차분하게 호흡을 하도록 가르치면 트라우마에 관한 반응이 불러오는 격렬한 신체적 · 감정적 반응 조절에 도움이 된다. 성인의 경우 보통 숫자 세기를 통해 호흡을 조절하는 방법을 배운다. 아동의 경우 집중할 수 있는 외부의 대상을 통해 동기가 부여된다면 이 기법을 습득할 가능성이 높아진다. 일부 놀이치료 기법은 이러한 집중대상으로 비눗방울을 이용한다. 지금 우리가 다루는 활동의 경우 바람개비를 사용한다.

먼저, 아동에게 여러 종류의 바람개비를 보여 준다. 아동에게 가장 작은 바람개비를 선택하게 한 후, 입 가까이에 대고 불게 한다. 바람개비는 쉽게 돌아갈 것이다. 이제 아동으로 하여금 바람개비를 최대한 멀리 잡은 채로 불도록 한다. 아동에게 다시 바람개비를 돌려 보게 한다. 아동은 본능적으로 더 깊고 집중된 숨을 내쉬면서 좀 더 많은 힘으로 바람개비가 돌도록 할 것이다. 아동에게 보다 멀리 있는 바람개비를 움직이기 위해 어떻게 해야 했는지 물어본다. 그리고 불안(또는 '과거에 발생했던 일에 대한 끔찍한 느낌')과 호흡 조절 방법 사이의 관계를 설명해 준다.

아동은 다양한 모양과 크기의 바람개비를 불어 보면서 여러 단계의 호흡을 경험해 볼 수 있다. 치료사는 바람개비를 들고 아동에게서 점점 멀어지면서 난이도를 조절할 수 있다. 보통 크기의 바람개비가 들어 있는 가방에서 아동에게 그중 하나를 고르게 하고 자신의 것임을 표시하게 한다. 바람개비에는 보통 4개의 날개가 달려 있다. 치료사와 내담자는 내담자를 안정시키는 네 개의 문장을 얇고 긴 종이에 적은 후 바람개비 날개에 하나씩 붙인다. 이는 운동 감각 활동이 일어나는 동시에 인지 활동도 가능하게 한다.

진행 과정 중 가능한 질문

–짧고 빠른 숨을 쉴 때 어떤 느낌이 드니?

–깊은 숨을 쉬고 천천히 내뱉을 때 어떤 느낌이 드니?

–바람개비가 멀어질수록 바람개비를 돌리기 위해 어떻게 하면 되겠니?

–진정해야 할 때 속으로 어떤 생각을 할 수 있겠니?
–숨을 깊게 쉬는 것이 진정하는 데 도움이 되는 때는 언제니?

과제

보호자를 놀이치료실로 초대한다. 바람개비가 점점 멀어질수록 내담자가 어떻게 숨을 쉬는지 보호자에게 보여 주도록 한다. 내담자 자신을 안정시키는 문장을 보호자와 공유하도록 권유한다. 아동과 보호자가 매일 밤 자기 전 바람개비 부는 것을 연습하도록 요청한다. 안정을 주는 문장을 아동이 읽게 한 다음 바람개비가 움직이도록 숨을 쉴 수도 있다. 부모는 다양한 거리에서 바람개비를 들고 아동에게 깊고 조절된 호흡을 하도록 유도한다.

특별 고려사항

어린 아동은 바람개비에 쓰여 있는 글자를 읽을 수 없을 것이다. 이 경우 바람개비에 그림을 붙이는 것이 좀 더 좋은 방법이다. 또는 부모에게 안정을 가져다주는 문장을 가르쳐 주고 매일 밤 이 활동을 마치면 부모가 먼저 말한 뒤 아동이 따라 말하게 하는 방법도 가능하다.

적용 및 수정

많은 아동은 특히 밤에 잠드는 것을 어려워한다. 만약 학대가 밤에 일어났다면, 아동은 잘 시간이 다가올수록 점점 불안해할 것이다. 이러한 아동에게는 야광 바람개비가 효과적이다. 아동으로 하여금 바람개비를 부는 동안 안정감을 주는 문장을 속으로 계속 떠올리도록 한다. 이 바람개비는 불을 끄기 전 그 앞에 놓아두면 빛을 내는 바람개비이다. 아동은 동시에 세 가지를 느끼게 된다. 어두운 방 안에 존재하는 빛, 치료사 및 놀이치료실이 주는 안전함과 그 물체와의 연관성, 그리고 침대에 누워 깊게 호흡하면서 얻게 되는 신체의 이완을 느낄 수 있다. 이 활동은 집단으로 진행할 때도 재미있다. 마당에서 바람에 의해 자연스럽게 돌아가는 큰 바람개비를 준비해 모든 집단 구성원이 함께 숨을 내쉬어 큰 바람개비가 움직이게 만든다.

제3장

트라우마에 시달리는 아동을 위한 역량 강화 기법

Empowerment Exercises for Traumatized Clients

의사 표현하는 확성기
(Megaphones to Make a Point)

❶ 치료 양식: 개인/집단/가족

❶ 대상: 5세~성인

❶ 치료 단계: 중기 작업 단계

❶ 치료 목표

1. 내담자가 내적 상태를 말로 표현할 수 있도록 돕는다.
2. 내담자에게 명확하게 자신의 욕구를 알 수 있도록 힘을 부여한다.
3. 가해자와 맞서는 동안 내담자의 목소리를 증폭시키도록 한다.
4. 대화에서 적절한 언어적 경계를 유지할 수 있도록 연습한다.

❶ 준비물

-플라스틱 장난감 확성기(장난감 가게에서 살 수 있음)

-커다란 공작용 종이

-테이프

-마커펜(유성펜), 물감 등

진행 방법

이 방법은 여러 방식으로 변형이 가능하며, 특히 학대 생존자들에게 유용하다. 이 치료에 참가하는 많은 아이는 자신의 목소리를 잃어버린 아이들이다. 게다가 우리의 내담자 중 일부는 자신의 목소리를 사용할 기회조차 없었다. 확성기는 힘을 상징하며, 내담자의 목소리를 증폭시키는 도구이다. 먼저, 아동에게 확성기를 보여 주며 확성기가 사용되는 것을 본 적이 있는지 물어본다. 아이는 TV에서 확성기를 본 적이 있다고 대답할 수 있다. 또는 경기장에서 코치가 선수와 소통하기 위해 사용했을 수도 있고, 학예회 연극 감독이 무대 위의 배우에게 지시사항을 전달하기 위해 확성기를 사용했을 수도 있다. 아동이 확성기가 사용되는 상황을 이해했다면 치료사는 이제 아동에게 놀이치료실에서 말해야 하는 내용들을 확성기를 사용해 말하자고 제안한다. 어떻게 해야 하는지에 대해 치료사가 구체적인 예를 들어 준다면 아동이 이 활동에 참여하는 것은 더욱 쉬워진다. 이 경우에 치료사는 자신에게 상처를 입혔던 누군가와 관련된 과거를 이야기할 수도 있다. 치료사는 "어렸을 때 학교에서 날 괴롭히던 남자 애가 있었어. 어느 날 그 아이가 내 점심 도시락을 빼앗아 갔지. 그 애가 너무 무서워서 아무 말도 할 수 없었지만 난 정말 말하고 싶었어. 나에게 확성기가 있었다면 '지금 당장 내 도시락을 돌려줘!'라고 난 소리 쳤을 거야."라며 이야기해 줄 수 있다. 치료사는 이 문장을 큰 소리로 한 번 말한다. 치료사는 확성기를 이용해 이 문장을 다시 한 번 더 소리 내어 말한다. 놀이치료실에서 확성기를 가지고 말하는 연습을 한다면 다른 곳에서 말해야 할 때 그 일이 훨씬 쉬워질 거라는 사실을 아동에게 말해 준다.

아동에게 혹시 상처를 받은 적이 있는지, 아니면 누군가에게 무언가를 뺏긴 적이 있는지 물어본다. 또는 누구도 자신의 말을 들어 주지 않는다고 느낀 경우에 관해 물어본다. 내성적인 아동은 말하고자 하는 내용을 생각해 내는 것조차 어려워할 수 있다. 이 경우 내담자가 시작하도록 돕는 방법은 전래동화와 같은 이야기를 사용하는 것이다. 아동에게 주인공의 관점에서 생각해 보기를 권유한다. 공주가 사악한 마녀에게 말하고 싶었던 것은 무엇일까? 이런 식으로 말문이 트이면 결국 이 활동에서 아동 본인의 경험을 이야기하는 것이 가능해진다.

아동은 종이로 자신의 확성기를 만들 수 있다. 아동은 자신에게 의미가 있는 단어와 그림들로 자신만의 확성기를 만들 수 있다. 아동은 그림을 통해 자신을 강하고 용감하게 묘사할 수 있다. 단어는 아동이 가해자에게 큰 목소리로 말하고 싶었던 내용("내 잘못이 아니야." 또는 "너는 거짓말쟁이야.") 또는 말하는 것에 대한 스트레스 상황의 해결책일 수 있다.

진행 과정 중 가능한 질문

-확성기를 가지고 너의 목소리를 들으니 기분이 어땠니?
-남들에게 가장 먼저 큰 소리로 하고 싶은 말은 뭐니?
-이 새롭고 명확한 목소리를 누구와 함께 사용하고 싶니?
-소리를 지르지 않고서도 확성기로 말하는 것만큼이나 크고 뚜렷하게 말할 수 있는 방법은 무엇이니?

과제

확성기를 사용해 말했던 문장들 중 하나를 선택하고 계속 연습하도록 한다. 일례로, 남자 형제가 못살게 굴 때면 "나는 이것을 좋아하지 않아. 그만해, 그렇지 않으면 나는 더 이상 너와 놀지 않을 거야."라는 문장을 연습하도록 한다. 다만 소리를 지르지 않고서도 힘을 실어 또렷하게 말하도록 한다. 치료사와 다음 번에 만날 때 이에 대해 이야기를 하도록 한다.

특별 고려사항

학대와 폭행을 경험한 일부 아동에게 이러한 종류의 활동은 치료 초기에는 불가능하게 여겨질 수 있다. 이 경우 치료사는 확성기를 사용하기 전에 놀이치료실에서 아동이 편안하고 안전함을 느낄 수 있도록 아동과 많은 시간을 함께 해야 한다. 또한 아동이 원한다면 더욱 많은 예를 여러 회기에서 제시해 주는 것이 좋다.

적용 및 수정

많은 학대 피해자는 놀이치료실에서도 가해자와 직면하는 상황을 매우 무서워한다. 하지만 내담자에게 있어 가장 중요한 과제 중 하나는 가해자의 거짓말에 대항하여 자신의 목소리를 내는 것이다. 이 활동을 보다 강력하고 좀 더 재미있게 만들기 위해 아동에게 가해자를 나타내는 인형을 선택하도록 한다. 그 인형은 아동의 모든 명령에 복종해야 한다. 아동은 확성기로 명령을 내리고 인형은 이에 따라야 한다. 그렇지 않으면 인형은 아동이 가해자로부터 끊임없이 들어 왔던 거짓말을 말할 수도 있다. 하지만 이번에는 확성기를 통해 들리는 진실에 힘입어 아동은 가해자의 거짓말에 저항할 수 있게 된다.

가족 치료의 경우, 확성기는 발언권을 가지고 있는 사람을 떠올리게 하는 역할을 할 수 있다. 또한 가족 구성원 각자는 차례대로 확성기를 가지고 가족이 상호작용하기를 바라는 방식을 묘사하는 '놀이'에서 다른 가족 구성원에게 지시를 내리거나 조정할 수 있다.

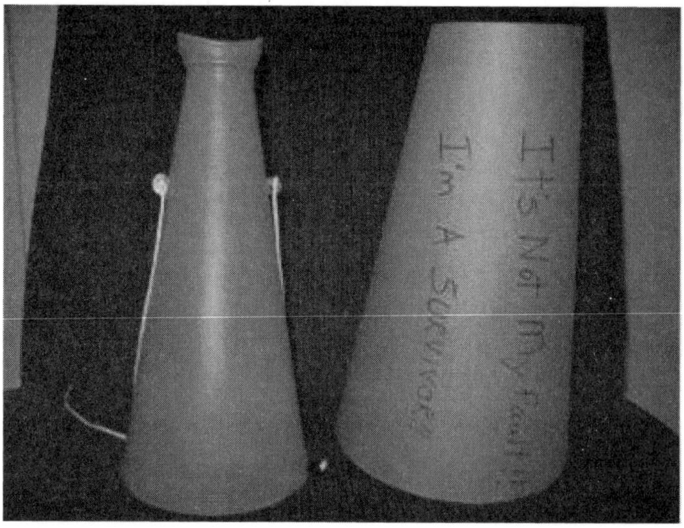

호루라기 불기
(Blow the Whistle on 'Em)

치료 양식: 개인/집단/가족

대상: 5~12세

치료 단계: 중기 작업 단계

치료 목표

1. 내담자에게 언어적 경계의 개념에 대하여 교육한다.
2. 내담자가 부적절한 말을 알아차릴 수 있도록 돕는다.
3. 내담자가 언어적 경계를 설정할 수 있도록 역량을 강화한다.
4. 대화에서 적절한 언어적 경계를 유지할 수 있도록 연습한다.

준비물

–납작한 호루라기

–전통적인 호루라기

–자전거 벨(선택)

진행 방법

이 기법은 언어적 경계가 제대로 설정되지 않은 아동을 위해 고안되었다. 적절하거나 적절하지 않은 대화의 차이를 분간할 수 없는 아동은 성적 가해자와 학교의 가해자 같은 이들의 공격 대상이 될 수 있다. 아동에게 좋은 접촉과 나쁜 접촉의 차이점을 알려 주는 여러 가지 프로그램이 있다. 하지만 적절하거나 적절하지 않은 대화를 구분하는 것은 아동에게는 훨씬 혼란스러운 일이며 명확하게 설명되지도 않는다. 일례로, 아홉 살짜리 소녀가 위탁 가정 구성원에 의해 1년 동안 성적 학대를 당했다. 이 내담자가 학대 경험을 떠올렸을 때 가해자가 신체적 학대를 행하기 이전에 이미 많은 언어적 폭력을 자행했음이 드러났다. 가해자의 이러한 길들이기 전략은 흔하다. 치료사는 아동에게 가해자가 그녀에게 했던 말들을 말하도록 했다. 이제 아동에게 호루라기를 주고 비슷한 대화를 하며 역할 놀이를 시작한다. 내담자가 '가해자'로부터 들은 말에 불편함을 느낄 때는 언제나 '호루라기를 불도록' 한다. 치료사는 소녀가 호루라기를 불면 이야기를 즉시 멈춰야 한다. 이는 아동에게 제어할 수 있다는 굉장한 느낌을 주며, 치료사는 이야기를 급작스럽게 중단해 제어한다는 느낌을 강조할 수 있다.

치료사는 아동이 이 조성된 분위기를 편안하게 느낀다면 이 활동에서 말할 수 있다. 인형 또는 다른 놀이치료실의 피규어들이 가해자로 사용될 수 있으며 이들이 말할 수도 있다. 아동은 처음 몇 번은 보통 치료사에게 호루라기를 불며 킥킥거리며 웃을 것이다. 이는 역할극에서 아동이 가해자의 부적절한 말에 직면하게 되면서 표출하게 되는 자신의 불안일 수 있다. 또한 그 웃음은 숨을 훅 내쉬면서 폭력적인 말을 멈추는 것이 가능할 수 있다고 아동이 느끼는 힘을 보여 주는 표시일 수도 있다.

이 부적절한 말을 멈추기 위해 선택한 소리 나는 장난감에 따라 놀이는 재미있어진다. 여러 장난감 회사들이 납작한 호루라기와 전통적인 호루라기를 팔고 있다. 누르면 엄청나게 큰 소리를 내는 악어 모양의 자전거용 벨도 있다. 남자 아이들은 특히 기차 모양의 호루라기를 좋아한다. 아동은 '멈춰' 또는 비슷한 의미를 지닌 말을 외칠 수 있도록 연습할 수 있다. 아동은 되풀이해서 연습하고 과거에 자신을 불편하게 만들었던 부적절한 말을 마침내 멈출 수 있을 정도로 힘을 가졌다고 느끼면서 운동 감각적으로 새로운 언어 경계를 설정하는 것을 연습한다. 호루라기 불기를 여러 번 연습한 후 아동이 호루라기를 사용하고 싶을 때 꼭 가지고 있지 않을 수도 있다는 점을 설명하고 그럴 때는 말로 강하게 할 수 있다고 말한다. 그러고는 아동이 두세 번 말로 연습해 보도록 가르쳐 준다. 그 예로, "나는 그것에 대해 말하는 것을 좋아하지 않아요." "이 대화가 나를 불편하게 해요." 또는 "지금 당장 멈춰요. 아니면 엄마에게 말할 거예요." 등이 있다.

진행 과정 중 가능한 질문

- 네가 듣기 좋아하는 말은 어떤 것이 있니?
- 너를 불편하게 만드는 말이나 질문은 어떤 것들이 있니?
- 누군가의 말이 너를 불편하게 만드는 것을 어떻게 알 수 있겠니?
- 다른 사람이 하는 말을 네가 좋아하지 않는다는 것을 알리기 위해 무엇을 할 수 있겠니?

과제

아동이 놀이치료실에서 호루라기 불기를 연습했다면 학교나 가정 등과 같이 아동을 둘러싼 환경에서 부적절한 언어를 가려내 보도록 격려해 준다. 다음 회기에 일주일 동안 들었던 두세 가지의 부적절한 말을 적어 목록을 가져오라고 요청한다. 대신 다음 일주일 동안 적어도 두 번은 "그것이 나를 불편하게 만들어요."와 같이 호루라기 불기의 역할을 하는 특정 문장을 말하도록 할 수 있다.

특별 고려사항

성적으로 학대당한 아동은 학대를 받는 상황에서 가해자가 하는 말을 가려내는 것조차 어려워한다. 치료사는 아동에게 좋은 접촉과 나쁜 접촉의 구별을 가르치는 것과 동일한 방식으로 적절한 언어와 부적절한 언어의 차이를 내담자에게 적극적으로 가르쳐 주어야 한다. 이 기법은 조사가 진행 중이라면 사용할 수 없다. 치료사의 '교육'이 조사해야 할 상황을 변질시킬 수 있기 때문이다. 만약 치료사가 가해자가 했던 말들을 반복할 때 현실이 아니라는 것을 내담자가 분명히 인지해야 하고, 치료사와 내담자 간의 실제적인 경계에 관하여 내담자에게 혼란을 주는 일은 없어야 한다. 아동이 불안해하거나 혼란을 느낀다면 활동은 종결되어야 한다.

적용 및 수정

이 기법은 성적 학대를 받은 경험이 있는 아동을 위해 고안되었지만, 모든 아동을 위한 안전 예방책으로 확대하여 사용될 수 있다. 이 기법은 외현화 장애를 가진 아동이 자신의 부적절한 언어화를 평가할 때도 효과적이다. 종종 우리는 다른 아동을 괴롭히고 폭력적인 말을 하는 아동이나 다른 아동에게 부적절한 말을 사용하는 아동을 목격한다. 이 활동은 아동이 다른 아동의 폭력적인 행동에 맞설 수 있도록 도울 수 있다.

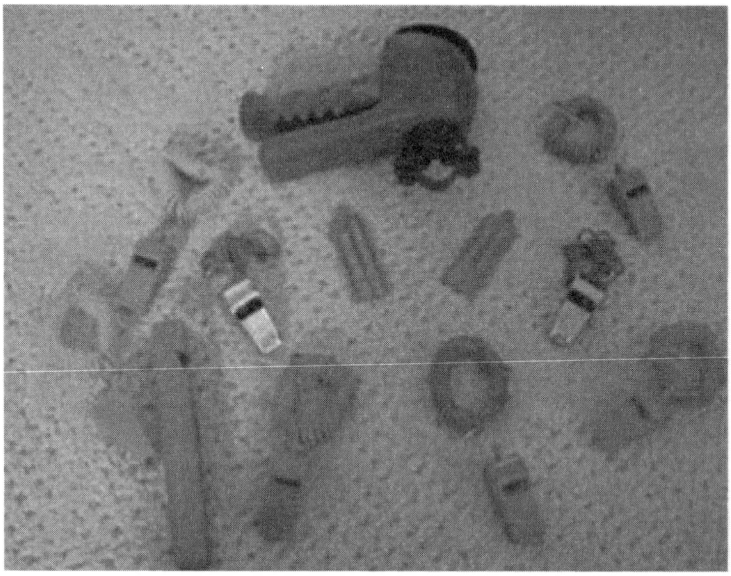

문고리 안내판
(Door Hangers)

치료 양식: 개인/집단/가족

대상: 3~18세

치료 단계: 중기 작업 단계

치료 목표

1. 신체적 경계의 개념에 대하여 가르쳐 준다.
2. 내담자가 가족 내의 역기능적인 경계를 인지하도록 돕는다.
3. 내담자가 가족 구성원 간의 명확한 경계를 설명할 수 있게 돕는다.
4. 가족 구성원들이 경계를 유지하는 것을 연습하도록 돕는다.

준비물

−폼 재질의 문고리 안내판

−폼과 편지(좀 더 저렴한 펠트 또는 공작용 종이 사용 가능)

−풀

진행 방법

이 기법은 가족체계 이론과 치료를 위해 방문하는 가족에게서 흔히 나타나는 경계 문제를 해결하기 위한 방법에서 만들어졌다. 어떤 가족은 격리된 생활 방식을 보인다. 특히 이러한 경향은 '방문을 닫고' 생활하는 가족에서 두드러진다. 이런 가족은 귀가해 자신의 방에 들어가 문을 잠그고 통화를 하거나 비디오 게임을 하거나 TV를 본다. 밀착된 생활 방식을 보이는 가족도 있다. 이런 가족은 문을 닫는 경우는 없으며, 마치 문은 존재하지도 않는 것처럼 보인다. 아이들은 매일 밤 엄마 아빠와 함께 자고, 엄마 아빠가 아이들을 내버려 두고 데이트를 하러 나가는 경우는 없으며, 아이에게 사생활이란 없다. 치료사가 역기능 가족에게 이러한 생활방식을 처음부터 이야기하기란 쉽지 않다. 이때 문고리 안내판 활동이 도움이 된다.

먼저, 아이/부모에게 문고리 안내판이 있는지 묻는다. 만약 문고리 안내판이 없다면 회기 중에 문고리 안내판을 만든다. 보통 미리 잘라 놓은 폼 재질의 문고리 안내판을 아동에게 보여 주면 흥미를 자아내는 데 도움이 된다. 문고리 안내판을 다양하게 사용하는 것에 대해 내담자와 함께 토론해 본다. 예를 들어, 호텔 문고리 안내판은 '방해하지 마세요' 또는 '침대 시트를 바꿔 주세요'를 비롯해 '아침 식사를 방으로 가져다 주세요'라는 요청까지 다양한 메시지를 전달할 수 있다. 아동에게 어떤 메시지를 문에 걸어 놓고 싶은지 묻는다. 그런 후 아동에게 문고리 안내판의 양면을 장식하도록 한다. 아동은 '출입금지'와 같은 자극적인 메시지를 원할 수도 있다. 이는 사생활이 주어지지 않고 존중을 경험하지 못한 아동에게 나타나는 현상이다.

치료사는 아동이 공손하게 사생활이 필요하다고 표현하도록 돕는다. 그 예로, '지금은 혼자만의 시간' 또는 '개인적인 시간을 가지고 있음' '들어오기 전 노크해 주세요' 등이 될 수 있다. 문고리 안내판의 반대 면은 가족과 가지는 특별한 상호작용을 요구하기 위해 사용될 수 있다. 그 예로, '들어와 같이 놀아요' 또는 '대화 가능해요' '사랑과 보살핌이 필요해요' 등이 될 수 있다. 문고리 안내판을 완성한 후 그 사용과 의미는 가족 모두와 의논하도록 한다. 치료사는 가족 모두가 새로운 경계를 존중하도록 권유한다. 아동은 문고리 안내판 사용 빈도와 기간에 관련해서 제한이 필요할 수도 있다. 이 지점까지 경계를 명확하게 묘사하지 못하는 아동은 계속 '출입금지'와 같은 메시지를 사용하기를 원할 수 있다. 치료사는 아동이 제한과 초대라는 두 가지의 표시를 균형 있게 사용할 수 있도록 돕는다.

진행 과정 중 가능한 질문

- 너의 방문은 대부분 열려 있니, 아니면 닫혀 있니?
- 만약 가족 구성원이 너에게 무언가를 원한다면, 그들은 이것을 어떻게 얻을까?
- 가족 내에서 늘리고 싶은 의사소통은 무엇이니?
- 가족 내에서 줄이고 싶은 의사소통은 무엇이니?
- 가족 구성원이 너의 문고리가 지니는 의미를 존중한다면 너는 어떤 느낌을 받을까?
- 네가 가족의 행동에 고마워한다는 것을 어떻게 보여 줄 수 있을까?

과제

치료사는 가족이 문고리 안내판을 꾸민 것을 가지고 연습할 시간을 선택하도록 한다. 이 연습은 가정에서의 역할 놀이처럼 설정하도록 한다. 아동은 부모가 예상 가능한 시간에 문 위에 표시를 올려놓는다. 즉, '학교가 끝난 후' '잠들기 전에' 등이 될 수 있다. 그리고 가족 구성원들은 그 표시에 적힌 대로 존중하는 것을 연습하는 기회를 가지도록 한다. 과제 중 하나로 아동으로 하여금 자신의 표시를 존중해 주는 부모님에게 확실한 방법으로 보답을 하게 한다.

특별 고려사항

이미 분명한 경계를 가지고 있는 아동에게 이 기법은 유용하지 않을 것이다. 청소년에게 체계적(systemic) 문제를 이해하는 것에 초점을 둔다면 이 기법은 보다 어린 아동을 위한 행동 기법의 역할을 할 것이다. 예를 들어, 아동은 부모의 침실과 같은 경계를 존중하도록 훈련을 받을 것이다. 동시에 부모는 아동이 사생활을 보장받고 존중받아야 한다는 사실을 배운다.

적용 및 수정

이 기법은 원래 가족 치료를 위해 고안되었다. 그러나 아동의 경우에도 수정되어 적용 가능하다. 문고리 안내판을 만들기 위한 재료는 책상 중앙에 놓는다. 치료사는 경계에 대한 대화를 유도한다(이를 위해 '경계'의 명확한 정의에 대한 심리교육이 필요할 수도 있다). 집단 구성원들은 각자 자신만의 문고리 안내판을 만든다. 그리고 나서 아동은 집단 구성원과 함께 자신의 창조물인 문고리 안내판에 대하여 이야기를 나눈다.

단체에서 이 기법을 사용할 때의 장점 중 한 가지는 아동이 다른 아동의 경계에 노출된다는 점이다. 회기 중에 아동은 경계가 사람마다 그리고 관계에 따라 달라진다는 사실을 배우게 된다. 이는 건강한 사회적 상호작용을 발전시키는 중요한 의식이다.

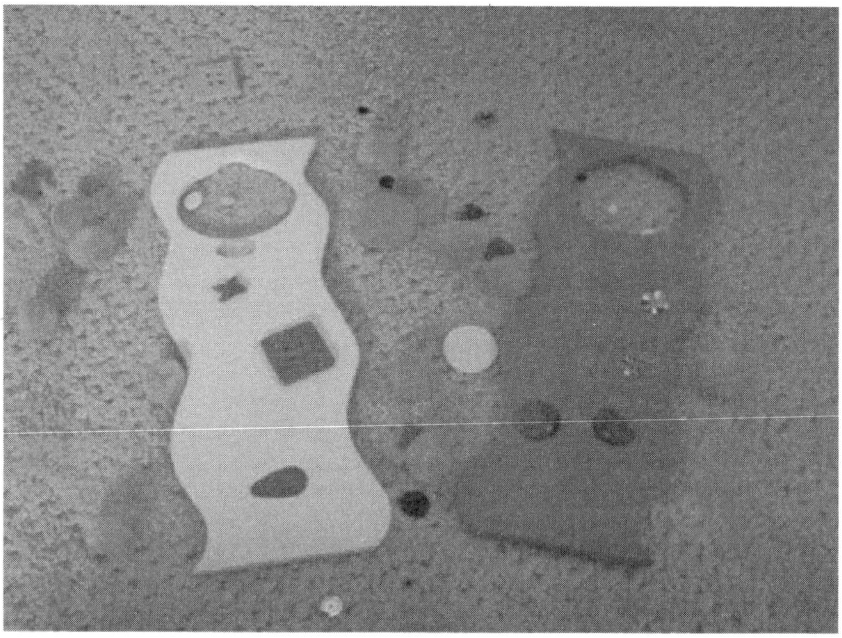

너의 손을 내게서 치워
(Keep Your Hands Off Me)

치료 양식: 개인/집단/가족

대상: 7~18세

치료 단계: 중기 작업 단계

치료 목표

1. 가해자의 행동에 대하여 내담자가 언어적으로 반응할 수 있도록 돕는다.
2. 놀이에서 가해자에게 언어적으로 맞설 수 있는 힘을 내담자에게 부여한다.
3. 가해자의 거짓말과 싸울 수 있도록 내담자를 돕는다.
4. 카타르시스를 경험할 수 있도록 언어를 신체 감각적 활동과 연계한다.

준비물

–줄넘기

진행 방법

학대받은 아동은 종종 가해자를 무서워한다. 이러한 공포는 치료에 있어 다른 감정의 표현을 억제한다. 아동은 치료를 받으러 와서 자신이 경험한 트라우마의 사실에 대하여 이야기할 것이다. 그런데 아동은 그 사건에 대해 단조로운 목소리로 감정 없이 이야기할 것이다. 아동의 마음속에서는 트라우마를 야기하는 일들이 이미 일상이 되어 버렸기 때문에 아동은 보통 일상의 일과 트라우마를 야기하는 일을 구별하지 못한다. 아동은 학대에서 살아남기 위해 모든 감정을 극도로 배제할 것이다. 이로 인해 아동의 정신과 신체 사이의 단절이 발생한다. 이러한 아동은 치료를 받으러 와서도 가해자를 향해 느끼는 분노에 직면할 수 없다. 대부분 이 분노는 내면으로 향하고 아동은 자해를 하게 된다.

이 기법은 아동의 정신과 신체를 재연결하면서 가해자를 향한 분노를 외부로 표출하도록 돕기 위해 고안되었다. 이 기법은 원래 친척에게 성추행을 당한 9세 소녀를 위해 고안되었다. 이 어린 소녀가 치료를 받으러 왔을 때, 그녀는 가해자가 저지른 짓을 그저 치료사에게 속삭일 뿐이었다. 이 소녀는 화목하고 가정 교육이 잘 이루어진 가정에서 자랐다. 그래서 이 소녀는 학대에 대해 자세히 이야기할 때조차도 예의 바른 말투로 이야기했지만, 정서적으로는 유리된 태도를 보였다. 소녀가 겪었던 긴 사건을 정리한 후 가해자가 그러한 짓을 저질렀을 때 어떤 말을 하고 싶었는지 물었다. 그 어린 소녀는 잠시 생각한 후 수줍게 웃으며, "제발 멈춰 주세요."라는 아주 공손한 대답을 들려주었다. 나는 웃으며, "너는 곧 내가 가해자에게 뭐라고 말하고 싶어 하는지 알게 될 거야."라고 말했다. 그러고 나서 줄넘기를 집어 들고 점프를 하며 큰 목소리로 "손을 치워, 손 떼!!"라고 소리쳤다. 나는 이 방법이 좋은 방법인지 확인하기 위해 그 소녀를 살펴보았다. 어린 소녀는 활짝 웃으면서 "나도 해볼래요."라고 말했다. 그녀는 줄넘기를 하기 시작했다. 그녀는 한 번 점프할 때마다 한 단어씩 말하면서 "손을 치워, 손 떼!!"라는 문장을 반복했다. 그녀의 목소리는 처음에는 차분했지만 문장을 반복하면서 커져 갔다. 그 후 소녀는 처음에 왔을 때에 비해 훨씬 기분이 나아졌으며, 홀가분한 기분으로 나갈 수 있었다고 이야기했다.

분노를 외부로 표출하기 위해 언어와 신체 활동을 결합하여 사용하는 것은 아주 효과적이다. 줄넘기에 필수적인 신체의 동작이 아동의 신체와 연관되는 동안 아동으로 하여금 가해자와 관련된 말을 하도록 만드는 것은 인지 기능과 관련되어 있다.

이 결합을 통해 정신과 신체는 재연결되고 분노에 대한 카타르시스가 발생한다. 이후 아동은 안도감을 느낄 수 있다.

아동은 종종 이 활동이 끝난 후 숨을 격렬하게 내쉴 수도 있다. 특히 소녀들은 내면의 분노를 억제하도록 배워 왔다. 줄넘기와 말을 동시에 하려면 깊이 심호흡해야 한다. 깊은 심호흡과 말은 격렬한 신체 운동과 결합되어 감정을 극적으로 표현할 수 있게 한다.

진행 과정 중 가능한 질문

–만약 가해자의 위협으로 인한 공포가 없다면, 너는 그에게 무슨 말을 하고 싶니?
–줄넘기를 했을 때, 너의 신체에 대해서 무엇을 느꼈니?
–줄넘기를 할 때, 그 말을 하는 기분은 어땠니?
–활동을 마치고 나서 지금은 어떻게 느껴지니?

과제

부모에게 가정에서 아동을 위해 줄넘기를 준비하도록 한다. 부모로 하여금 다음 주 동안에 두세 번 아동을 지도해 같은 활동을 하도록 요청한다. 활동이 끝났을 때 증상의 증가 또는 감소 여부에 관해 부모와 함께 체크하도록 한다.

특별 고려사항

치료사는 이 활동을 시도하기 전에 내담자의 총체적 신체 발달을 세심하게 평가해야 한다. 첫 번째로, 이 활동은 분노와 관련된 카타르시스 경험 제공을 위해 정신과 신체의 통합을 목적으로 하기 때문에 줄넘기를 잘하지 못하는 아동에게 이 기법을 시도하는 것은 해로울 수 있다. 두 번째로, 이 활동에서 기인한 감정 표현은 상당히 강력할 수 있다. 그래서 내담자와 치료사 간의 신뢰관계가 굳건하며, 내담자의 인격 구조가 강렬한 분노 표현을 충분히 감당할 수 있다는 확신이 들 때 시도하는 것이 좋다. 마지막으로, 분노의 폭력적 표출을 하거나 이와 관련한 충동이 제어되지 않는 아동에게 이 기법이 사용되어서는 안 된다.

적용 및 수정

이 기법은 집단 적용을 위해서 수정되었다. 특히 성적 학대나 가정 폭력의 생존자들로 이루어진 집단의 구성원에게 힘을 부여할 수 있다. 치료사는 모든 참여자에게 동일한 지시사항을 주고 가해자에게 하고 싶은 말을 생각해 보도록 한다. 넓은 공간에서 내담자는 각자 줄넘기를 받는다. 셋을 세면 모든 참가자는 줄넘기를 하며 가해자에게 하고 싶은 말을 시작한다. 함께 하면 혼자 말하면서 생겨날 수 있는 당황스러움을 최소화할 수 있다. 모든 아동이 함께 활동을 수행한 후 치료사는 모든 사람 앞에서 해 볼 수 있는 사람이 있는지 묻는다. 이를 통해 집단의 아동들은 다른 아동도 자신과 비슷한 말을 한다는 사실을 알게 된다. 보다 중요한 것은 또래가 표출하는 동일하고 강렬한 감정을 느낄 수 있게 되어 이로 인해 가해자를 향한 강렬한 분노가 자신만이 느끼는 특정한 감정이 아니라는 사실을 인지하게 된다.

줄에 매달린 인형
(Puppet on a String)

- **치료 양식**: 개인/가족
- **대상**: 5~18세
- **치료 단계**: 중기 작업 단계

치료 목표

1. 내담자가 가해자의 강압적인 행동을 분명하게 표현하도록 돕는다.
2. 학대에 대하여 자신을 비난하는 것을 멈추도록 내담자에게 힘을 부여한다.
3. 잠재적 가해자의 교묘한 속임수와 조종에 내담자가 저항하는 것을 연습하도록 돕는다.
4. 가해자의 통제로부터 자유롭게 되는 경험을 비유를 들어 설명한다.

준비물

–꼭두각시 인형
–스티로폼 공
–스카프
–줄
–막대기

진행 방법

이 기법은 학대를 경험한 많은 아동들이 직면하는 혼란에서 고안되었다. 학대받은 아동은 보통 하지 않았을 말이나 행동을 강요받는다. 일단 가해자의 명령에 따르게 되면 아동은 자신이 그 행동을 하기로 선택했다고 믿기 시작한다. 아동은 자신이 명령받기를 원했었는지 또는 학대받아 마땅한 사람인지에 대해 혼란을 느끼게 된다. 자신의 삶에서 중요한 사람에게 거짓말을 하도록 강요받은 아동은 거짓말을 한 것에 대해 엄청난 죄책감을 가지게 된다. 이 활동을 통해 아동은 가해자가 자신을 조종했다는 사실을 알게 된다. 마리오네트 또는 '줄이 달린 꼭두각시 인형'은 가해자가 아동을 제어하고 교묘히 조종해 온 방법을 알게 해 주는 일종의 비유이다. 아동에게 몇 가지의 꼭두각시 인형을 보여 준다. 아동은 자신을 나타낼 수 있는 인형을 선택할 수도 있고, 앞서 제시한 재료들을 사용해 인형을 만들 수도 있다.

학대 중에 아동이 당했던 두세 가지의 행동을 내담자에게 적어 보게 한다. 목록이 완성되면 차례로 그 행동이 어디서 비롯되었는지를 내담자가 기억할 수 있도록 돕는다. 예를 들어, 가해자의 무릎에 앉았던 것에 대해 아동은 죄의식을 느낄 수 있다. 기억을 다시 떠올려 보면 아동은 대개 가해자가 자신의 무릎에 앉으라고 먼저 요구하거나 또는 강제로 앉게 하거나 명령하였다는 것을 알게 된다.

아동으로 하여금 꼭두각시 인형이 요구받은 행동을 하도록 조종하면서 가해자의 목소리를 따라 하도록 한다. 이 경우 아동은 인형을 무릎에 앉히면서 꼭두각시 인형을 조종하는 막대기를 잡고, "내 무릎에 앉아. 그러면 너에게 이야기를 읽어 줄게."라고 말할 것이다. 내담자가 학대자의 행동이나 말을 기억하지 못할 경우 생존의 관점에서 죄의식을 유발하는 행동을 재구성한다. 학대 생존자들은 보통 응징을 피하거나 그 상황이 주는 공포를 견뎌 내기 위해 가해자의 직접적인 언어 명령 없이도 행동한다. 아동의 이런 행동은 모두 가해자로부터 비롯되는 조종에 기반하고 있다. 인형 조종이 끝난 후 진짜 재미있는 일이 시작된다. 이제 아동은 자신이 조종할 수 있도록 하는 말을 하기 시작한다. 아동은 "나는 어쨌든 누군가에게 말했어요."라고 말할 수 있다. 자신에게 힘을 부여하는 이러한 말을 한 후 아동은 인형의 줄 하나를 끊는다. 이로 인해 아동은 가해자의 조종으로부터 자유로워지는 시각적이며 신체적인 활동과 관련된 경험을 할 수 있게 된다.

진행 과정 중 가능한 질문

–너에게 상처를 준 사람은 무엇을 했니?

–너를 가장 역겹게 했던 일은 무엇이니?

–너에게 이러한 일을 저지른 사람은 누구니?

–너는 어떻게 이 상황에서 벗어났니?

–너를 자유롭게 만들어 준 너의 말이나 행동은 무엇이니?

과제

줄을 자르는 것에 동반되는 단어와 행동을 내담자에게 적어 보도록 한다. 아동이 트라우마 상황에서 나오기 위해 힘껏 노력했음을 상기시키기 위해 이 목록을 다음 회기까지 적어도 하루에 한 번은 읽도록 한다.

특별 고려사항

이 기법은 학대가 밝혀지고 안정된 상태에 있는 아동을 위한 활동이라는 점을 명확하게 설명할 필요가 있다. 이 활동에 참여하기 위해 내담자는 가해자의 위협에서 빠져나와야 한다. 이 활동은 학대에서 자유로워질 수 있도록 아동 내면의 회복탄력성을 축하하는 활동이라고 할 수 있다. 어린 아동은 꼭두각시 인형을 만들 때 치료사의 더 많은 도움을 필요로 한다. 하지만 이 어린 아동이 이후의 활동에서 보여 주게 될 성과를 생각하면 초기 단계에 치료사가 쏟는 노력은 분명히 시도할 만한 가치가 있다.

적용 및 수정

행동 수정 기법 중 하나는 가해자에 대한 아동의 성향과 관련하여 아동의 생각을 달라지게 하는 것이다. 아동은 가해자를 나타내는 꼭두각시 인형을 만들어 인형의 줄을 조종할 수 있다. 이 방법을 통해 아동은 가해자를 지배하는 상황을 경험해 볼 수 있게 된다. 내담자는 가해자를 감옥에 보내어 구석에 앉히고 물구나무를 서게 한 후 가해자의 행동에 대해 연속으로 20번 사과하라고 할 수도 있다. 이처럼 아동은 신체 활동과 관련된 방법으로 소원을 이룰 수 있다.

제4장

트라우마의 생존자를 위한 감각 처리 운동

Sensory Processing Exercises
for Trauma Survivors

악은 보지도 말고, 듣지도 말고……
(See No Evil, Hear No Evil…)

치료 양식: 개인/가족

대상: 4세 이상

치료 단계: 중기 작업 단계

치료 목표

1. 아동이 트라우마에서 비롯된 감각 정보를 처리할 수 있도록 돕는다.
2. 아동이 그 감각 정보를 표면화할 수 있도록 돕는다.
3. 아동이 트라우마로 인한 감각과 관련된 기억을 과거에 대한 이야기로 통합할 수 있도록 돕는다.

준비물

–모래 상자

–원숭이 인형 세 개(손으로 눈, 귀, 입을 막고 있는 인형이면 더욱 좋다)

–가느다란 종이 조각들

–마커펜(유성펜)

진행 방법

이 기법은 아동이 경험한 트라우마와 관련된 상처를 처리할 수 있도록 돕는 것이다. 아동이 트라우마 정보를 처리하도록 도와주는 기법들을 살펴볼 때 모든 아동이 트라우마를 재처리할 필요는 없다는 점을 명확히 하고자 한다. 실제로 트라우마를 경험한 많은 아동은 트라우마를 극복하는 방법을 발견하고 삶의 모든 부분에서 훌륭한 수준으로 살아갈 수 있다. 재처리가 유용한 때는 아동이 트라우마에 갇혀 벗어나지 못하고 있을 때이다. '고착(stuckness)'은 보통 아동이 악몽/회상 또는 지속적인 조절 장애/과다 각성, 극도로 사람을 회피하는 증상, 정상적인 기능을 방해하는 장소 또는 물건과 같은 지속적인 증상들에 시달릴 때 나타난다. 이런 증상들이 나타날 때 뇌로 하여금 실제 느꼈던 기억들을 시간에 따른 이야기를 통해 트라우마 상황 정보를 이해하여 통합하도록 도와주는 전략이 도움이 될 수 있다.

먼저, 세 개의 원숭이 인형을 모래 상자에 동일한 간격으로 놓는다. '악은 듣지도 말고, 보지도 말고, 말하지도 말고'를 나타내는 원숭이 인형들이 가장 이상적이지만 특징 없는 원숭이 인형 세 개라도 상관없다. 〈Hear no Evil…etc.〉라는 노래를 아동에게 불러 준다. 그다음에 아동에게 종이와 매직펜을 주고 트라우마와 관련된 사건 도중 듣고 싶지 않았던 한 가지를 그려 보게 한다. 그것은 누군가의 비명소리일 수도 있고, '끼익' 하는 타이어의 마찰음일 수도 있다. 종이를 접어 첫 번째 원숭이 인형 아래의 모래 속에 넣게 한다. 다음으로 아동에게 트라우마 도중 보고 싶지 않았던 것을 그려서 두 번째 원숭이 인형 아래의 모래 속에 넣게 한다. 마지막으로, 아동에게 본인이 말하고 싶지 않았던 한 가지를 물어본다. 이 질문은 보통 가장 흥미로운 대답을 들려주곤 한다. 한 내담자의 답변은 다음과 같았다. "나는 엄마에게 나와 놀아 달라는 말을 그렇게 많이 하지 말았어야 했어요." 이 아동의 어머니는 마약 중독자였고, 아동을 제대로 돌보지 않고 방치했다.

그림이나 문장을 모래 속으로 넣는 것은 기억을 재처리하는 것에 관하여 아동이 느끼는 저항을 줄여 준다. 아동은 보통 어른이 묻는 질문에 올바른 대답을 해야 한다는 압박을 느낀다. 이 시나리오에서는 아동이 직접적으로 발언하지 않아도 된다. 치료사는 질문하고, 내담자는 그림을 그리거나 문장을 쓰고 모래 속에 묻으면 치료사가 그것을 나중에 보기 때문이다.

진행 과정 중 가능한 질문

–네가 들었던, 보았던, 말했던 것을 기억하는 일은 얼마나 쉬웠니? 얼마나 어려웠니?
–적어서 모래 속에 넣었을 때 기분은 어땠니?
–그때로 돌아가서 그 당시 말하지 못했던 것을 할 수 있다면 뭐라고 말하겠니?

과제

아동에게 트라우마와 관련된 기억에 집중하는 것은 억압되어 있던 더 오래된 기억들을 생각나게 할 수 있다고 설명한다. 일주일 동안 다른 감각 기억이 떠올랐을 때 기록할 수 있는 방법과 보관할 수 있는 안전한 장소를 아동이 고르도록 돕는다. 다음 치료 시간에 새롭게 발견한 기억들과 관련된 정보를 가져오도록 권유한다.

특별 고려사항

아동으로 하여금 트라우마와 관련된 감각적 경험을 다시 떠올리게 하는 모든 치료는 시간을 정확히 지켜야 한다. 아동은 치료사와 굳건한 관계를 형성해야 하며, 기존의 트라우마에서 비롯되는 특정 기억을 다시 떠올리는 것으로 인해 트라우마를 다시 겪게 되는 것을 치료사가 막아 줄 수 있다고 아동이 믿고 신뢰해야 한다. 감정을 살펴보고 과거가 아닌 현재에 아동이 존재한다는 사실을 아동이 분명히 인지할 수 있도록 돕는 것이 이 활동이 진행되는 동안 치료사가 해야 할 중요한 역할이다.

적용 및 수정

아동의 트라우마는 모두 특별하므로 감각 단계에 저장된 기억도 특수할 것이다. 이 기억은 예민하고 때로는 섬뜩한 특성을 지녔기 때문에 이 기법을 집단 환경에서는 사용하지 않도록 한다. 무엇보다 이러한 활동에 필요한 신뢰를 집단 구성원 모두가 적절한 수준으로 가지고 있지 않기 때문이다.

또한 누군가 자신의 기억을 그리거나 적고 있을 때 다른 집단 구성원이 듣거나 볼 수 있다. 만약 이 정보가 본인의 트라우마보다 더 섬뜩하다면, 이 아동은 간접적 트라우마에 시달릴 수도 있다. 이 기법은 가족 구성원들이 서로의 든든한 지원자이며, 사건에 대해 가족 구성원이 인지하고 있는 내용을 치료사가 적절하게 억제할 수 있다면 가족 환경에 적용될 수 있다.

괴물 귀
(Monster Ears)

❶ 치료 양식: 개인/가족

❶ 대상: 3~18세

❶ 치료 단계: 중기 작업 단계

❶ 치료 목표

1. 내담자의 트라우마 반응에 영향을 줄 수 있는 청각적 기억을 인지할 수 있도록 돕는다.
2. 내담자가 청각적 기억을 언어적으로 처리할 수 있도록 돕는다.
3. 내담자가 잠재되어 있는 부정확한 언어적 서술에 직면하도록 한다.
4. 청각적 정보를 포함하는 트라우마 사건에 대하여 정확한 이야기를 재구성한다.

❶ 준비물

−괴물 귀(그림 참조)

−소리를 내는 물건

진행 방법

이 기법은 트라우마 사건을 목격한 많은 내담자를 관찰한 결과에 의거하여 고안되었다. 때때로 이러한 '목격'의 주된 경로는 청각이다. 가정 폭력이 일어나는 상황에서 어른들이 서로를 향해 소리를 지르는 동안 아동은 주로 책상 밑이나 가구 뒤에 숨어 있곤 한다. 아동은 부모가 언어적·물리적 방식으로 싸우는 동안 방으로 보내지곤 한다. 부모는 아동이 직접 보고 있지 않기 때문에 그러한 폭력에 상처를 입지 않을 것이라고 생각한다. 그러나 대부분의 아동은 극대화된 청각적 상상을 통해 폭력을 받아들인다. 트라우마에서 비롯되는 청각적 기억(유리가 깨지는 소리, 격앙된 목소리, 문을 쾅 닫는 소리 등)을 자동으로 수용하는 것이다. 그 후 아동은 이러한 청각적 단서에 기반하여 시각적 기억을 생성하고 상상력으로 빈 공간을 채운다. 이러한 폭력적 상황과 연관된 청각적 자극은 후에 아동에게 있어 트라우마를 야기하는 방아쇠의 역할을 한다. 그래서 아동으로 인해 좌절한 선생님이 아동에게 언성을 높이면 부지불식간에 트라우마 반응(얼거나 갑작스러운 심리 및 행동 조절 장애)을 유발하게 되는 것이다.

트라우마 사건이 떠올라 아동의 정상적 기능이 방해받게 될 때 트라우마와 연관된 청각적 자료를 재처리하는 것이 아동에게 도움이 될 수 있다. '괴물 귀'는 '대형 고무 귀'로 분장하거나 연극용품 가게에서 구입할 수 있다. '괴물 귀'는 아동의 귀 위에 꼭 들어맞도록 해야 하며, 그 우스꽝스러움은 아동의 부담을 줄여 준다.

먼저, 청각적 기억의 역할을 아동에게 설명한다. "엄마랑 아빠가 싸울 때, 많은 아이가 무서운 소리를 듣는단다. 무언가 부서지는 소리를 듣기도 하고, 부모님들이 서로를 향해 내뱉는 나쁜 말을 듣기도 해. 이런 소리나 말을 기억해 내는 게 무서울 수 있지만, 좋은 어른이랑 같이 기억해 보면 덜 무서워질 수도 있어."라고 말할 수도 있다. 그런 다음 아동에게 '괴물 귀'를 끼워 보라고 한다. 방법을 알려 주고 아동의 부담을 덜어 주기 위해 재미있어 보이도록 치료사도 같이 끼워 볼 수 있다. 트라우마 중에 들었던 소리들을 더 자세히 기억할 수 있도록 도와주는 것이 '괴물 귀'라고 설명해 준다. 아동이 눈을 감는다면 청각적 자극을 분리하는 것이 더 쉬울 수 있지만, 이것은 아동이 선택하도록 한다. 아동이 이러한 소리들을 소리 내어 말하고 난 후, 아동에게 놀이치료실 안에서 그 소리를 재생할 수 있는 방법을 찾자고 권유한다. 책상을 쳐서 때리거나 쿵쾅거리는 소리를 낼 수 있고, 변조된 소리를 내는 인형을 이용해 아동이 들었던 무서웠던 말을 다시 해 볼 수도 있다. 소리를 만들 때 깨진 유리 조각이 담긴 밀봉된 용기도 유용할 수 있다. 아동이 소리를 내면 그 소리가 나는 동안 어떤 일이 일어났다고 생각하는지 물어본다.

아이들은 주로 청각적 자극에 기반해 시각적 이미지를 채워 넣는다. 이 이미지는 실제로 일어난 일보다 더 나쁜 상황을 상상하게 만들기도 한다. 예를 들어, 유리가 깨지는 소리를 들었던 것을 기억해 내고, 아버지가 어머니에게 유리병을 던져 어머니의 얼굴이 다치는 장면을 상상하는 식이다. 그러나 사실 아버지는 분에 못 이겨 벽을 향해 병을 던진 것일 수 있다. 치료사는 보호자와의 상담을 통해 그 상황을 알고 있는데, 그 사건에 대해 아동이 생각하는 것보다 더 무서운 공포를 느끼는 왜곡된 인식을 하고 있다면 보호자를 초대해 아동에게 실제로는 어떤 일이 일어났는지 알려 줄 수 있도록 한다. 보호자가 참석할 수 없는 상황이라면 치료사가 이 역할을 하도록 한다.

진행 과정 중 가능한 질문

- 무서웠을 때 들은 소리 중에 무엇이 가장 기억나니?
- 무서운 사건이 발생하는 동안 들었던 다른 소리나 말은 어떤 것들이 있니? (해당 트라우마와 관련된 모든 청각적 기억을 말하게 하는 것이 바람직하다) 이런 소리를 들었을 때 어떤 일이 일어났다고 생각하니?
- 실제로 무슨 일이 있었는지 들어 보기 위해 누구와 이야기를 해 보는 게 좋겠니?

과제

상담 시 청각 기억에 집중하게 되면 주변 소리에 조금 더 민감해질 수 있다는 점을 설명하도록 한다. 필요할 때 들을 수 있는 노래 또는 음악, 위안을 주는 소리를 찾도록 한다. 아동에게 다음 회기까지 하루 세 번씩 듣도록 한다. 트라우마와 관련된 무서운 이미지가 떠오를 때 위로를 주는 음악과 소리를 듣거나 보호자에게 노래를 불러 달라고 요청하도록 한다.

특별 고려사항

이 기법은 이 책에서 설명한 다른 재처리 전략들과 동일하게 내담자와 치료사 간의 높은 수준의 신뢰와 라포를 필요로 한다. 따라서 이 기법을 치료 초기 단계에서 사용하는 것은 적절하지 않다. 특히 청각과 관련하여 스스로 자기를 진정시킬 수 있을 때 이 치료를 진행하는 것이 가장 좋다. 또한 과거의 트라우마를 다루기 전에 아동이 과거가 아닌 '현재 바로 이 장소'에 머무르고 있다는 사실을 인지하기 위한 연습은 아주 중요하다.

적용 및 수정

이 기법은 자극적인 특성으로 인해 집단 환경에서 사용하는 것은 적절하지 않다. 하지만 가족은 가능하다. 다른 가족 구성원이 청각을 통해 자신의 트라우마 기억을 처리하는 동안 남은 가족들은 조용히 듣고 있도록 확실한 규칙을 세우는 것이 중요하다. 회기가 끝난 후 각자의 청각 기억을 비교해 보고, 일관성 있고 정확하게 실제 사건을 같이 재구성해 볼 수 있다.

퍼즐 다시 맞추기
(Putting the Pieces Together Again)

치료 양식: 개인/가족

대상: 3~18세

치료 단계: 중기 작업 단계

치료 목표

1. 내담자가 '고착' 상태의 특정 트라우마와 연관된 감각 기억을 인지하도록 돕는다.
2. 내담자가 특정한 감각 기억을 언어화할 수 있도록 돕는다.
3. 내담자의 감각 기억이 트라우마에 대한 언어적 서술로 통합될 수 있도록 돕는다.

준비물

–얼굴 그림의 나무 퍼즐(눈, 귀 등을 떼어 낼 수 있는)

–공작용 종이

–마커펜(유성펜)

–가위

–테이프

–갈색 종이봉투

진행 방법

이 기법은 아동의 트라우마에 대한 감각 기억을 언어적 서술로 바꾸어 논리적 이야기를 만들기 위해 고안되었다. 먼저, 아동에게 모든 감각은 서로 다른 기능을 한다는 점을 설명한다. 코는 무엇을 하는지, 입은 무엇을 하는지, 눈을 무엇을 하는지 아동에게 설명해 달라고 한다. 아동은 코로 냄새를 맡으며 입은 말을 하거나 맛을 보고 눈은 사물을 본다고 대답할 것이다.

우리에게 나쁘거나 무서운 일이 일어날 때는 우리 신체의 '감각 기관'이 더욱 강력해져 평소보다 훨씬 민감해진다고 설명해 준다. 일례로 자동차 사고에 관해 이야기해 줄 수 있다. 고무가 타는 냄새나 차가 충돌하는 소리 등은 뒷마당의 벌레 소리와 비교해 훨씬 또렷하게 기억날 것이다. 만약 아동이 반복적인 트라우마의 경험자라면 하나씩 처리하도록 유도하는 것이 바람직하다. 만약 아동이 동일 인물에 의해 한밤중에 침대와 같은 장소에서 성폭력을 경험했다면 아동은 그러한 장소와 관련된 여러 소리, 냄새 등을 장기적인 학대의 특징으로 수용하게 될 것이다. 이러한 경우 아동은 학대와 관련된 특정한 예를 이야기하는 것보다 학대와 연관된 감각경험에 관하여 전반적으로 이야기하기를 원할 수 있다.

아동에게 눈, 귀, 코 모양의 나무 퍼즐을 보여 준다. 이것을 갈색 종이봉투에 넣게 한다. 그런 다음 봉투에 손을 넣어 한 개의 퍼즐 조각을 고르게 한다. 손을 봉투에 넣은 상태로 모서리를 만져 어떤 부위의 퍼즐인지 맞춰 보게 한다. 이 부분은 내담자가 신체적 감각에 더욱 집중하도록 돕는다. 눈 대신 촉감을 이용해 퍼즐을 살펴보게 한다. 아동이 퍼즐을 봉투에서 꺼내고 나면 그 퍼즐이 나타내는 트라우마 기억을 말하게 한다. 만약 아동이 귀 퍼즐 조각을 꺼냈다면 학대 중에 들었던 한 가지 소리를 이야기하는 것이다. 코를 골랐다면 트라우마 상황 중에 맡았던 한 가지 냄새를 이야기하는 것이다. 내담자가 모든 퍼즐을 꺼내 완성하면 '얼굴 부분이 없었을 때'와 '얼굴이 완성되었을 때'의 느낌을 비교하게 한다. 빈 얼굴이 지닌 구분과 분리 특성은 완전히 채워진 얼굴과 대조될 수 있다.

진행 과정 중 가능한 질문

—눈, 코, 입, 귀가 없는 얼굴은 어떻게 보이니? 어떤 느낌이니?

—다시 얼굴이 완성되면 어떻게 보이니? 어떤 느낌이니?

–나쁜 일이 일어날 때 맡았던 냄새는 무엇이니? 어떤 소리를 들었니? 무엇을 보았니? 맛본 것은 무엇이니? 만진 것은 무엇이니?

과제

퍼즐게임은 과거에 발생했던 나쁜 일과 관련된 감각 정보를 기억해도 안전하다는 메시지를 전달하는 활동이다. 혹시 다음 주에 나쁜 기억과 관련된 다른 소리나 냄새, 광경이 떠오를 수도 있다고 알려 준다. 이 경우 일기에 적거나 그림으로 그리는 등의 방법이 있다는 것을 알려 주고 아동이 선택하도록 한다. 또한 나쁜 기억이 떠오를 때 이야기할 수 있는 안전한 어른을 선택하도록 한다. 그리고 안정감을 주는 감각 전략을 매일 연습하게 한다. (자세한 방법은 다음 참조)

특별 고려사항

감각 기억을 트라우마 사건과 통합하는 것은 때로 필요한 과정이지만, 아동을 극도로 불편하게 만들 수 있다. 따라서 이 치료는 아동이 안정감을 주는 일련의 감각 전략을 만들어 낸 후에 사용할 수 있다. 치료사는 먼저 아동이 안정을 주는 감각 자극제를 찾아내도록 돕는 일을 찾기 위해 필요시 아동에게 안정감을 주는 장소, 냄새, 환경, 상황 등을 상상하는 연습을 도와주어야 한다. 이 치료가 진행되기 전에 아동은 힘들이지 않고서도 안정감을 주는 냄새와 소리, 단어, 시각적 이미지, 신체적 감각을 상상할 수 있어야 한다.

적용 및 수정

이 기법은 아동에게 지속적으로 문제가 되는 트라우마 상처를 재처리하고 통합하는 개인 치료 중 한 가지이다. 따라서 집단에 적용하기에는 적합하지 않다. 그러나 부모나 양육자가 아동에게 애착이 잘 되어 있고, 트라우마의 상처와 관련한 증인이 가족인 경우라면 적용할 수 있다. 그러나 보호자의 참석 여부는 치료사가 신중하게 결정하여야 한다. 보호자 자신이 그 트라우마로 인해 심각한 상처를 받은 경우에는 아동을 위한 도움 역할을 할 수 없기 때문이다.

이 기법의 한 가지 변형 방법으로 아동에게 자화상을 크게 그려 보도록 하는 방법이 있다. 그런 다음 아동은 그림의 눈, 귀 등을 잘라 낸다. 놀이의 개념은 동일하나,

이 경우 아동은 사건과 관련된 감각 기억들을, 잘라 낸 조각 뒷면에 적거나 그릴 수 있다. 놀이가 진행되는 동안 잘라 낸 조각을 테이프를 사용해 다시 붙이도록 한다.

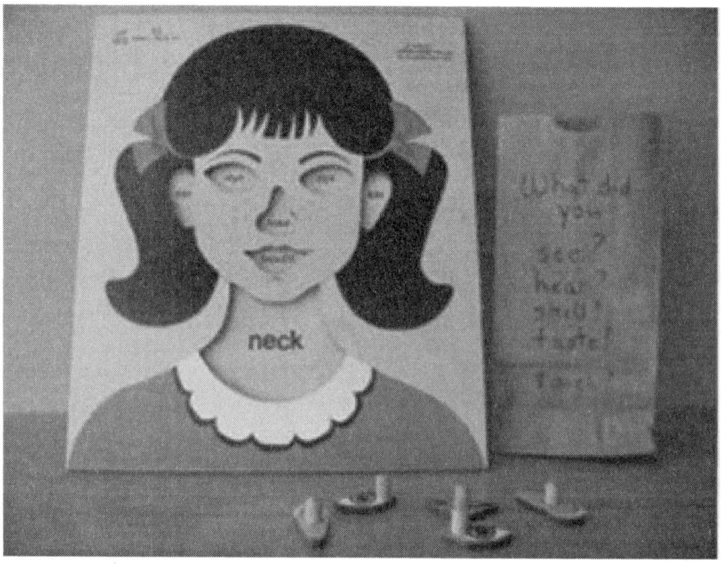

조각과 부분
(Pieces and Parts)

❶ 치료 양식: 개인/가족

❶ 대상: 3~15세

❶ 치료 단계: 중기 작업 단계

❶ 치료 목표

1. 트라우마를 겪은 내담자가 가해자와 관련된 정보를 처리하도록 돕는다.
2. 내담자가 가해자를 나타내는 상징을 억누를 수 있도록 한다.
3. 트라우마가 자아 감각에 미치는 영향을 내담자가 스스로 처리할 수 있도록 한다.

❶ 준비물

–인형 재료들(손가락 인형이나 인형을 꾸밀 수 있는 눈, 귀, 코, 입, 손, 발, 머리카락 등의 재료)

진행 방법

트라우마를 겪은 아동은 환경을 통제하는 능력과 힘을 잃은 상태이다. 놀이치료실에서 아동은 자신이 선택한 방식으로 가해자의 상징을 다루게 되고 이로써 통제력을 회복할 수 있게 된다. 대부분의 아동은 일단 가해자 상징을 선택하거나 만들고 나면 이를 억제할 수 있는 방법(상징을 감옥에 가둬 두기, 묶어 두기, 조종하기)을 찾는다. 이 방법을 통해 가해자의 힘을 제거하고 스스로의 힘이 커지는 것을 경험한다. 이 기법은 아동이 자아 통제감을 되찾음과 동시에 가해자라는 사람 자체에 집중할 수 있도록 돕는다.

먼저, 모든 인형을 탁자나 바닥 중앙에 늘어놓는다. 아동에게 이 인형으로 어떤 사람이든 만들 수 있다고 설명한다. '너를 아프게 했던 사람'을 상징하는 인형을 만들어 보도록 권유한다. 인형을 아동이 원하는 어느 방향이든 쳐다볼 수 있도록 한다(신체적으로 불가능해 보이는 방향도 가능하다). 아동은 대부분 폭력을 상징하거나 폭력의 단면을 나타내는 부분을 덧붙인다. 다음에 나오는 그림은 그 일례이다. 아동은 가해자에게 '꼬리'를 붙였는데 그가 '악마처럼 보이기 때문'이며, 손목시계를 차고 있는 것은 '늘 시계를 보면서 다른 사람이 집에 오기 전에 끝내려고 했기 때문'이고, 넥타이는 '항상 잘 차려 입고 있었기 때문'이다. 활동 중에 이 가해자는 대머리였으며 수염이 있었다는 것을 알 수 있었는데, 아동이 외형적 특징을 언급한 적은 이번이 처음이었다. 이러한 신체적 특징은 아동이 학대 중에 느꼈던 신체적 감각들에 대해 이야기할 때 중요한 전환점이 되었다. 아동은 가해자를 나타내는 상징물에 아래로 향하는 코 한 개와 위를 향하는 코 한 개를 놓았다. 아동이 인형을 완성하면 이와 관련하여 이야기를 하도록 한다. 그리고 아동이 현재 말하고 싶거나 트라우마를 겪을 당시 말하고 싶었던 것이 있다면 가해자에게 말하도록 제안한다. 마지막 단계는 아동이 원하는 대로 가해자 상징을 다루는 것이다. 어떤 아동은 가해자를 감옥에 가두기도 하며, 인형의 일부만 남을 때까지 인형을 '찢거나' 눈, 귀 등(찍찍이 같이 붙일 수 있는 것으로 사용하면 더 쉽게 할 수 있다)을 '잘라 내기도' 한다.

진행 과정 중 가능한 질문

－너를 아프게 했던 사람을 묘사해 볼 수 있겠니?

－인형의 어떤 점 때문에 이 인형을 선택했니?

–이 인형이 너를 아프게 했던 사람과 닮은 점은 무엇이니? 다른 점은 무엇이니?
–인형에게 하고 싶은 말이 있니? 이 인형을 어떻게 하고 싶니?
–하고 싶은 말을 인형에게 하고 나니 기분이 어떠니?

과제

회기가 끝날 때에는 반드시 아동이 가해자 상징을 어떤 방식으로든 다루거나 억제할 수 있게 한다. 아동에게 "일주일 동안 너를 아프게 한 사람이 가끔 생각나 무서워질 수 있어. 그 사람의 얼굴이 떠오르면 우리가 오늘 같이 만들었던 인형 얼굴을 생각해 내도록 연습하자."라고 말한다. 다음 시간에 이 과제를 얼마나 잘 수행했는지 확인한다.

특별 고려사항

이 활동에서 아동은 가해자보다 큰 힘을 가진다는 환상을 현실에서 실행할 수 있기 때문에 치료사는 주의할 필요가 있다. 이미 놀이치료실 밖에서 폭력적 충동을 제어하지 못하고 표출하는 아동에게 이 활동은 금지된다. 이 활동은 가해자에 대해 거의 마비 수준으로 공포감을 느끼는 아동에게 가장 적합하다. 이들이 가해자 상징에 몰입할 수 있는 이유는 그 상징이 놀이와 연관되어 있으며, 안전하고 제한된 놀이치료실이라는 공간 안에서 놀이치료사의 보호 아래 이루어지기 때문이다.

적용 및 수정

'나만의 인형 만들기' 기법은 '이전, 도중, 이후'와 같은 인형 만들기 방법을 사용해 트라우마가 자아에 미친 영향을 판단하는 데 도움을 줄 수 있다. 먼저, 내담자는 학대 이전의 자신을 상징하는 인형을 만든다. 그런 다음, 트라우마를 겪는 도중의 '자신'을 나타내는 방식으로 인형을 바꾸어 보라고 요청한다. 마지막으로, 학대가 끝나고 치료가 시작된 지금 스스로를 바라보는 방식을 반영하여 인형을 다시 한 번 바꾸어 보라고 요청한다.

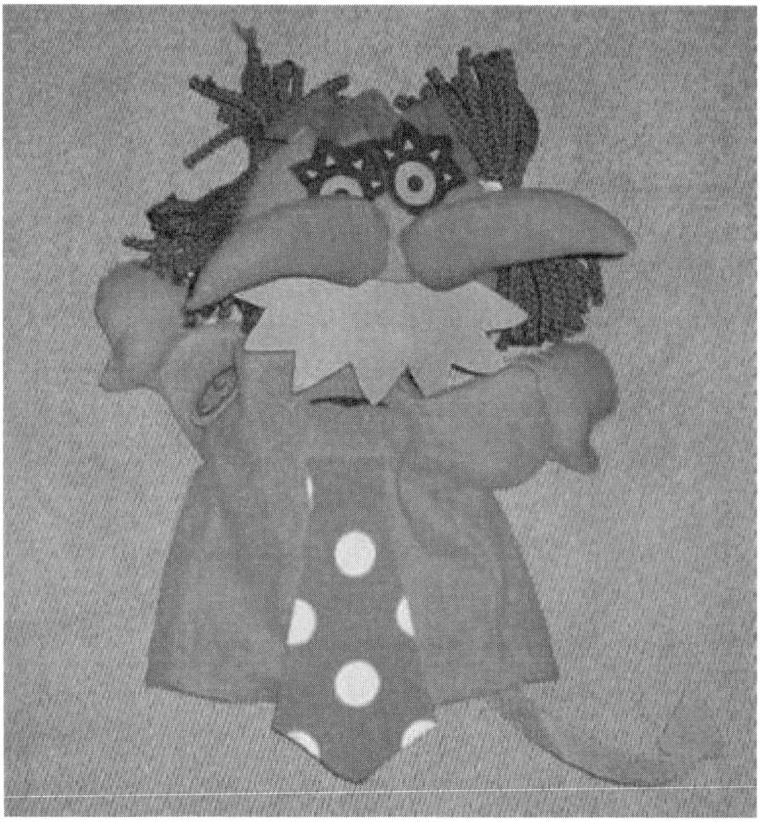

제5장

기술 습득 연습: 감정 이해, 분노 조절, 충동 조절, 친사회적 기술

Skill Building Exercises: Feelings Identification, Anger Management, Impulse Control, Pro-Social Skills

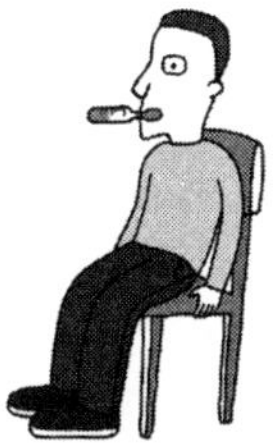

너의 체온을 재자
(Taking Your Temperature)

치료 양식: 개인/집단/가족

대상: 3~12세

치료 단계: 준비/중기 작업 단계

치료 목표

1. 내담자가 현재의 감정 상태를 정의하도록 돕는다.
2. 내담자가 감정을 표현하는 어휘력을 늘릴 수 있도록 돕는다.
3. 내담자가 동시에 여러 감정을 경험할 수 있다는 것을 내담자가 이해할 수 있도록 돕는다.
4. 내담자에게 감정을 비언어적으로 명확히 표현할 수 있는 방법을 알려 준다.
5. 내담자가 감정과 그 감정에 어울리는 적절한 단어를 사용하도록 돕는다.

준비물

–의사 가방이나 도구

–압설자(구강 검사 시 혀를 누르는 기구)

–마커펜(유성펜)

진행 방법

치료 중인 아동은 자신의 감정에 대해 기본적인 이해조차도 부족한 모습을 종종 보인다. 때리거나 상처 입는 아동은 화가 났다고 말할 수 없거나 신체가 먼저 반응한 후에야 화가 났다는 사실을 인지할 것이다. 어린 아동은 짜증을 내거나 신체를 통해 감정을 발산하는데 이는 감정을 표출할 언어 능력이 부족하기 때문이다. 감정을 알아차리고 표현하는 것은 많은 내담자에게 굉장히 중요한 목표이다. 첫 번째 단계는 감정을 인지하는 것이다. 감정을 스스로 확인하고 내면에서 발생하는 감정을 인지할 수 있어야 한다. 감정을 인지하면 감정이 유발하는 행동에 영향을 미칠 수 있다. 그러나 치료에 참여하는 아동의 경우 감정을 명확히 표현하는 것이 불가능하거나, '행복해요' '화났어요' 그리고 '슬퍼요'와 같은 기초적인 단어 몇 개만 알고 있는 아동이 대부분이다. 이들은 더 복잡한 감정은 표현하기 어려워하는 모습을 보인다. 이 기법은 소품에 기반을 두고 아동이 운동 감각적인 활동을 하게 만들면서 감정의 탐구에 참여할 수 있게 만드는 재미있는 방법이다.

먼저, 아동에게 병원에 가자고 말한다. 아동은 건강하다는 것을 확인받거나 아플 때 치료를 받으러 병원에 간다. 아동에게 의사가 진료실에서 무엇을 하는지 물어본다. 아동은 혈압을 재고 반사 작용을 체크하고 자신의 목이나 귀를 들여다본다고 대답할 것이다. 마지막으로, 체온을 잰다고 이야기할 것이다. 체온은 신체가 아프거나 감염에 맞서 싸우고 있다는 사실을 알려 준다. 이제 아동에게 의사의 역할을 할 것이라고 말한다. 아동은 먼저 치료사의 체온을 잴 것이다. 이 행동은 아동에게 권력을 부여하며, 치료사로 하여금 감정을 명확히 설명하는 방법을 보여 줄 수 있게 한다. 모든 의사는 각자 자신의 진료 가방을 가지고 다닌다고 말해 준다. 놀이치료실 안에 비치된 의사 가방을 보여 주며 아동이 스스로 가방을 꾸밀 수 있게 한다. 아동에게 나이에 따라 5~15개의 압설자를 준다. 아동에게 오늘 하루 종일 느낀 감정을 하나씩 압설자에 적게 한다. 어린 아동은 감정을 표현하는 얼굴을 그릴 수 있고 치료사가 아동의 감정을 대신 적어 줄 수도 있다. 대부분의 아동은 스스로 한두 가지의 감정을 이야기할 것이다. 이제 아동에게 치료사가 어떤 감정을 표현하고 있는지 알아맞히게 하고 압설자에 적도록 한다. 충분히 많은 감정을 적었다고 생각되면 아동으로 하여금 이것들을 의사 가방에 넣을 수 있도록 한다.

치료사는 의사를 만나러 온 환자 역할을 한다. 실제로 의사가 환자를 진단하듯 병을 밝혀내기 위해 아동은 치료사를 진단할 것이다. 단, 이 게임에서는 치료사의 감정 상태를 밝혀내는 것에 집중하도록 한다. 아동은 의사 가방에서 압설자를 꺼내 치료사의 감정에 맞는 압설자를 선택할 것이다.

이 감정 목록은 향후 회기 중에 압설자를 추가하면서 늘어날 수 있다. 아동이 의사의 역할을 했다면 아동과 치료사는 역할을 바꾼다. 이를 통해 아동은 감정을 나타내는 표정을 감정 단어와 맞춰 보는 연습을 할 수 있는 기회를 가지게 된다.

진행 과정 중 가능한 질문

–어떤 감정 단어가 가장 빨리 와 닿았니?
–자신의 감정 중 어떤 감정이 알아차리기 가장 쉬웠니?
–(다른 사람의) 어떤 표정이 가장 해석하기 쉬웠니? 어떤 것이 가장 어려웠니?
–표정과 감정이 연결되지 않을 때가 있었니? 예를 들어 주겠니?

과제

먼저, 주변 사람들의 표정에 더욱 집중하도록 한다. 다음 주에 누군가를 우연히 만났는데 그 사람이 표현한 것에서 어떤 기분이 들었는지 알 수 없었다면 그 사람에게 무엇을 느꼈는지 물어보고 일기에 적도록 한다.

특별 고려사항

아주 어린 아동이라면 압설자에 얼굴을 그리게 할 수도 있다. 대신 치료사가 아동을 위해 감정 단어를 적어 줄 수도 있다. 잡지에서 여러 가지의 표정을 잘라 낸 다음 압설자에 붙일 수도 있다. 이 기법은 역할극을 좋아하지 않는 아동에게는 적합하지 않을 수 있다.

적용 및 수정

이 기법은 특히 아스퍼거 또는 자폐증 아동에게 유용하다. 이 아동들은 특히 감정과 관련된 비언어적 신호를 정확히 읽거나 그에 반응하는 것을 어려워한다. 집단치료를 할 때 이 기법은 다양한 감정 상태에 맞추어 감정을 정확하게 일치시키는 연습을 하기 위한 즐거운 방법을 제시한다.

이 활동에 거울을 포함시키는 것도 하나의 방법이다. 이 방법을 통해 아동은 얼굴 표정을 평가하여 얼마나 정확하게 내면의 감정 상태를 그려 내고 있는지 알 수 있는 기회를 가지게 된다. 이제 감정과 내적 상태가 일치하지 않는다는 것을 알게 되고, 이로 인해 아동은 어떻게 타인이 그들의 감정을 잘못 해석했는지 이해할 수 있다.

마지막으로, 이 기법은 회기 초기에 비언어적 감정 파악을 위해 사용할 수 있다. 치료사가 아동에게 의사 가방을 건네며 "너의 체온을 재렴."이라고 말한다. 그러면 아동은 의사 가방을 뒤져 현재의 감정 상태를 설명할 만큼의 압설자를 꺼낼 것이다.

내적/외적 감정들 살펴보기
(Inside/Outside Feelings)

치료 양식: 개인/집단/가족

대상: 6~18세

치료 단계: 중기 작업 단계

치료 목표

1. 내담자가 자신이 타인에게 비추어지는 모습을 보다 잘 인지할 수 있게 한다.
2. 내담자가 내적인 감정 상태를 더 잘 인지할 수 있게 한다.
3. 내담자가 감정 상태를 정확히 알아차리고 언어화할 수 있도록 돕는다.

준비물

－파일 폴더
－잡지
－가위
－풀
－마커펜(유성펜)

진행 방법

치료에 참여한 많은 아동은 감정을 알아차리는 것과 관련된 영역에 결함이 있다. 외현화 장애가 있는 아동은 가족과 또래집단 관계에서 종종 어려움을 겪는다. 이것은 종종 내담자의 외적 행동과 내적 감정 상태의 불일치에서 기인한다. 예를 들어, 아동은 슬프다고 느끼지만 외적으로는 분노한 것처럼 보이는 짜증 상태일 수 있다. 이 감정은 아동의 실망감을 효과적으로 전달하지 못하고, 이 문제를 이해하고 바로잡으려는 부모의 훈육도 방해한다. 아동은 타인이 자신을 어떻게 바라보는지 파악해야 하며, 자신의 행동과 몸짓(제스처)이 그들에게 어떻게 해석되는지 인지해야 한다. 동시에 자신의 감정 상태에 대해 정확하게 알아야 하고 소통할 수 있어야 한다. 이 활동은 이 목표를 달성하기 위한 첫 단계이다.

먼저, 비어 있는 파일 폴더를 아동에게 준다. 아동이 파일 폴더 윗부분을 머리와 어깨 모양으로 자르게 한다. 이제 파일 폴더는 마치 사람의 형상처럼 보일 것이다. 바깥 커버는 사람의 머리와 어깨를 앞과 뒤에서 바라본 모습이다. 파일 폴더를 펼치면 나오는 두 개의 안쪽 면이 내담자의 숨겨진 내적 삶을 표현한다. 아동에게 지난주에 있었던 문제 상황을 설명해 달라고 한다. 예를 들어, 아동은 엄마 집과 아빠 집을 번갈아 방문한다. 엄마는 아빠 집에서 아동을 데리고 올 때 서둘렀다. 그런데 아동은 팔짱을 끼고 입을 내밀고 발을 구르며 차에 타기를 거부했다. 아동에게 그 모습이 옆에 있던 사람에게 어떻게 보였을지 묘사하게 한다. 아동의 그런 모습을 앞에 그리도록 지시한다. 그려진 이미지를 보고 그 자신을 설명할 수 있는 단어를 말하게 한다. 아동은 매우 '화가 난' 또는 '고집스러운' '비열한' '반항하는'과 같은 단어를 이야기할 것이다. 이제 아동에게 실제로 생각하고 느꼈던 것을 파악하도록 한다. 생각과 감정은 사람의 내면에 기록될 수 있다. 아동에게 잡지를 주고 누구도 알 수 없는 자신의 내면에서 실제로 생각하고 느꼈던 것을 반영하는 사진을 오려 보도록 하는 것이 가끔은 더욱 효과적일 수 있다. 아동과 청소년은 특히 감정 및 생각, 태도를 탐구하는 방법으로 콜라주를 만드는 것을 좋아한다. 이것을 완성한 후 내적 관점과 외적 관점의 차이를 확인해 본다. 실제로 벌어진 일(앞의 예에서 결국 화가 난 엄마가 아동을 차로 끌고 간 일)과 관련한 역할극을 한다. 그리고 아동이 자신이 느끼는 생각과 감정을 엄마에게 더욱 많이 이야기하는 상황을 가정하고 역할극을 해 보도록 한다. 역할극에서 엄마의 반응은 아동의 소통 방식에 따라 달라진다.

진행 과정 중 가능한 질문

- 이번 주에 있었던 갈등에 대해 말해 주겠니?
- 갈등 중에 너의 몸과 얼굴은 어떤 모양이었니?
- 갈등 중에 너는 뭐라고 말했니?
- 그때 다른 사람들은 너를 어떻게 생각했을 것 같니?
- 너의 내면에서는 실제로 어떤 생각을 하고 어떤 감정을 느꼈니?
- 다른 사람이 너의 실제 감정과 생각을 알게 했니?
- 내면에 실제로 일어나는 것을 남에게 알려 주기 위해 어떻게 다르게 말하거나 행동할 수 있겠니?

과제

아동에게 치료하는 과정 중에 어려운 상황에 부딪혔을 때 내담자가 이야기하지 못할 수도 있는 감정과 생각을 인지하기 위해 노력하도록 격려한다. 아동에게 이를 글로 쓰게 한다. 다음 회기에서 아동은 내면의 상태를 나타내는 적절한 언어를 연습할 수 있다. 다음 회기까지 과제는 한 주 동안 최소한 한 가지 상황에서 이 새로운 반응을 말로 표현하는 것이다.

특별 고려사항

내담자는 삶에서 또래나 어른을 향해 적절하지 못한 반응을 보이는 동안 내면에서 생겨나는 생각과 감정을 인지해야 한다. 그러나 내담자가 다른 환경에서 이를 시도하기 전에 놀이치료실에서 자신의 감정과 생각을 적절한 말로 표현하는 것을 연습하는 것은 아주 중요하다. 내담자는 미소를 지으면서 속으로 '나는 너를 싫어해.'라고 생각할 수 있다. 다음 번에 비슷한 상황에서 내담자가 "나는 너를 싫어해."라는 말을 불쑥 내뱉는다면 문제를 더욱 악화시킬 것이다. 그래서 내면의 상태에 대한 아동의 자아 인식을 향상시키면서 동시에 적절한 의사소통 기술을 가르쳐야 한다.

적용 및 수정

유아와 어린 학령전기 아동은 자신의 사고과정에 대해 생각할 수 있는 능력(메타인식)이 거의 없다. 이 연령대의 아동에게 시간의 개념은 매우 짧다. 이 경우 삶의 경험을 반복하는 놀이보다 미리 설정된 상황을 가지고 치료하는 편이 그들에게 더 이로울 것이다. 학령전기 아동은 인형놀이가 어울리는 나이이다.

먼저, 인형을 가지고 이야기를 만들어 본다. 아동에게 이야기 속에서 발생한 일을 묘사하도록 한다. 아동이 내적인 사람 또는 외적인 사람에게 적용될 동일한 단계를 거치도록 하되, 이야기 속의 주인공과 관련지어 진행하도록 한다. 아동으로 하여금 인형의 내적 감정 상태를 예측하게 한 후, 인형을 가지고 적절한 감정을 표현하는 역할극을 하게 한다.

펜을 들고!! 바꾸고!! 그려라!!
(Pens Up!! Switch!! Draw!!)

치료 방법: 집단/가족

대상: 3세~성인

치료 단계: 준비/중기 작업 단계

치료 목표

1. 내담자의 자기조절 능력을 증진시킨다.
2. 내담자의 성인의 요청을 즉각적으로 준수하도록 하는 능력을 증진시킨다.
3. 내담자의 협력 기술을 증진시킨다.
4. 또래의 피드백을 잘 소화할 수 있도록 내담자를 지지한다.

준비물

–빈 종이

–펜

–마커펜(유성펜)

–크레용

진행 방법

이 활동은 자아 성찰과 지시사항 준수, 또래와의 협동과 관련된 능력을 저해하는 주의력 결핍장애 및 반항성 장애, 분열 장애를 가진 아동으로 이루어진 집단에 매우 유용하다. 테이블 주위에 집단 구성원들을 원 모양으로 앉게 한 후 시작한다. 모든 사람은 한 장의 빈 종이를 받는다. 각자 색(또는 마커펜(유성펜)이나 크레용, 펜)을 하나씩 선택하게 한다. 유일한 조건은 각자 다른 색을 선택해야 한다는 것이다. 이는 활동 후반부에 중요하다. 다음의 지시사항을 설명한다. 치료사가 "펜을 들어!!"라고 말하면 모두 필기구를 머리 위로 들어야 한다. 치료사가 "그려."라고 말하면 치료사가 다시 "펜을 들어!!"라고 말하기 전까지 모두 종이만 주시한 채 그림을 그려야 한다. 이 요청을 즉시 따른다면 점수가 주어진다. 펜을 다시 들어 올리면 치료사는 "바꿔!!"라고 말한다. 이제 자신 앞에 있는 종이를 오른쪽에 있는 사람에게 주어야 한다. 이러한 방식으로 종이는 전체 집단의 구성원에게 전달된다. 활동이 끝날 때 구성원 모두는 모든 종이에 그림을 그리게 될 것이다.

지시사항을 설명한 후 한두 번 연습하도록 한다. 지시가 주어지자마자 누가 가장 먼저 펜을 드는지를 보는 것만으로도 경쟁이 될 수 있다. 즉시 지시를 따랐을 때 어떤 상품을 줄 것인지 미리 선택한다. 상품은 처음 몇 차례만 필요하다. 집단 구성원들이 경쟁하게 되면서 상품이 필요 없어지기 때문이다. 종이가 한 바퀴를 돌고 처음 사람에게 돌아오면 멈추도록 한다.

모든 구성원에게 자신의 그림에 대한 이야기를 만들도록 한다. 이야기는 시작 그리고 중간, 끝이 있어야 하며, 그려진 모든 그림을 포함해야 한다. 다른 구성원이 자기 종이에 불만족스러운 그림을 그리는 상황이 벌어질 수 있다. 실제로 처음에 대부분의 내담자들은 마음속에 의도를 가지고 그림을 그리기 시작했다. 그 후 종이를 넘겼고 구성원들은 본래의 의도를 바꾸는 조각을 그림에 더한 셈이다. (그래서 이 활동은 내담자의 불만에 대한 자제력을 알아보기 위한 훌륭한 테스트이기도 하다) 내담자는 집을 그렸는데 옆에 있던 구성원이 종이 전체에 토네이도를 그렸을 수 있다. 그림을 시작한 구성원은 이 이질적인 부분마저도 모두 이야기 속에 담아야 한다.

진행 과정 중 가능한 질문

–치료사가 "펜을 들어!!"라고 했을 때 지시를 따르기가 쉬웠니? 어려웠니?

–그림 그리기가 끝나지 않았는데 멈추라고 했을 때 어떤 기분이 들었니?
–너의 어떤 부분이 그림을 계속 그리고 싶은 기분을 억제했니?
–종이를 다시 받고 다른 사람들이 그린 것을 봤을 때 어떤 기분이 들었니?
–그려진 모든 것을 포함하는 이야기를 만들 수 있었니? 그것은 어땠니?
–또래와 놀 때 이 활동을 어떻게 응용할 것이니?

과제

아동이 이웃이나 놀이터의 다른 아동에게 다가갈 수 있도록 격려한다. 놀이에 함께 할 수 있는 방법을 찾도록 한다. 다른 아동이 이미 하고 있는 일에서 자신의 역할을 찾기까지 시간이 걸릴 것이라는 점을 상기시킨다. 또 다른 과제는 내담자의 선생님이 내리는 지시사항을 한 가지 선택하는 것이다. 아동에게 선생님이 무언가 지시하면 마치 그것이 즉시 따라야 하는 게임('펜 들어!!' 게임처럼)이라고 가정하도록 한다. 선생님과 대화하고 즉시 따랐을 경우 받을 수 있는 상품을 미리 정해 놓는다.

특별 고려사항

어떤 아동은 다른 집단 구성원과 그림을 '돌려 그리는 것'을 견디지 못할 정도로 불안해한다. 치료사는 활동을 시작하기 전에 이 활동이 아동에게 적합한지, 분노 자제력은 어떤지를 신중하게 확인해야 한다. 이 활동은 깔끔한 모양을 그리지 못하는 아주 어린 아동에게도 유용하다. 극단적인 트라우마를 경험한 아동은 자신이 만들어 낸 이야기에 트라우마를 투사할 수 있다. 치료사는 필요시 충격적인 이야기를 다룰 준비가 되어 있어야 한다.

적용 및 수정

이 활동은 평가 기법으로 사용될 수 있다. 앞서 언급된 대로 그림이 완성된 후에 만들어지는 이야기는 본래 자신의 생각을 반영한다. 이 활동은 새로운 집단이 시작할 때, 작업 단계 중간이나 마지막에 다시 실행 가능하다. 치료사는 이 활동을 통해 이야기 내용 및 다른 구성원의 그림을 쉽게 통합하는 내담자의 능력의 변화를 평가할 수 있다.

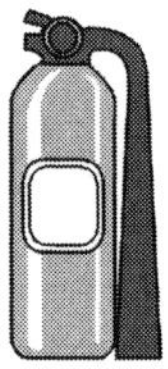

행동을 소거하자
(Extinguish the Behavior)

- **치료 양식**: 개인/집단/가족
- **대상**: 5~15세
- **치료 단계**: 중기 작업 단계

치료 목표

1. 내담자가 문제가 되는 행동 패턴을 마주하도록 돕는다.
2. 내담자가 문제 행동을 하지 않도록 전략적 준비를 갖추도록 한다.
3. 내담자의 문제 행동을 제거할 수 있는 감각을 찾아내어 증진시킨다.
4. 친사회적인 대체 행동을 만들어 내어 연습하도록 한다.

준비물

–화이트보드
–보드마커
–장난감 소화기
–종이
–마커펜(유성펜)/크레용

진행 방법

부정적인 행동을 바꾸기 위한 첫 번째 단계는 그 행동이 부정적이라는 것을 인식하는 것이다. 그러나 치료사는 심한 문제 행동을 나타내는 아동의 치료를 시작할 때 너무 앞서 나가지 말아야 한다. 이 활동을 통해 문제 내용을 간접적인 경로로 전달하는 것이 가능하다. 먼저, 화이트보드를 여섯 개의 구역으로 나눈다. 치료사는 긍정적이거나 친사회적인 그림 세 장과 부정적이거나 반사회적인 그림 세 장을 포함해 총 여섯 장의 작은 그림을 준비한다. 이 여섯 개의 그림을 보드에 임의로 놓는다. 내담자에게 어떤 그림이 보드에서 '소화되어야(extinguished)'되어야 하는지 알아맞히는 활동을 하게 될 것이라고 말한다. 아동에게 '소화'가 무슨 뜻인지 물어본다. 나이 많은 아동은 답을 알고 있을 것이고 어린 아동은 어렴풋이 소화기를 연상할 수도 있을 것이다. 아동에게 소화기 모형을 보여 준다. 아동에게 소화기를 사용하는 방법과 이유를 설명하도록 한다. 소화기를 점검하지 않은 채로 두면 불이 날 때 모든 것이 파괴될 수도 있을 것이다. 불이 위험한 것처럼 우정을 파괴하고 특권을 빼앗는 행동도 불처럼 위험한 것이라는 것을 알려 준다. 아동에게 소화기로 지워져야 하는 행동의 그림을 겨냥하게 한다. 아동이 정확하게 문제 행동을 가려냈을 때 점수를 준다.

치료사는 아동이 긍정적인 행동과 부정적인 행동을 얼마나 정확하게 구별하느냐에 따라 점수를 부여할 수 있다. 소화기의 물이 화이트보드의 그림을 맞추면 그림은 지워지기 시작한다. 내담자는 그림을 지우는 데 휴지 혹은 지우개를 사용할 수 있다. 내담자는 첫 번째 그림이 있었던 곳에 대체할 수 있는 행동을 그린다. 게임이 끝난 후 아동에게 다음 게임을 위한 그림을 그리게 하고 또 다시 활동을 해 보도록 한다. 게임을 하면서 아동의 저항이 사라진 후에 자신과 관련된 부정적 행동을 그리게 될 것이고, 부정적인 행동을 소거하는 방법을 알게 될 것이다.

진행 과정 중 가능한 질문

–무엇이 친사회적이거나 긍정적인 행동이니?
–무엇이 반사회적이거나 부정적인 행동이니?
–어느 그림을 지울지 어떻게 결정했니?
–그림이 지워진 자리에 어떤 그림이 들어가야 하는지 어떻게 알아냈니?

과제

부모를 방으로 초대해서 아동이 게임을 하는 것을 보게 한다. 아동과 부모가 집에서 종이와 연필을 이용해 이 게임을 간단하게나마 해 보도록 권유한다. 부정적인 그림은 지울 수 있고, 아동이 정확하게 구별하면 점수를 얻는다. 점수는 상품으로 교환할 수 있도록 한다.

특별 고려사항

이 활동은 긍정적/부정적 행동의 개념과 관련한 입문서의 역할을 한다. 아동이 이러한 종류의 행동에 참여했다는 것을 말로 인정하는 것 자체가 목적은 아니다. 사실 치료의 초기 단계에서 문제 행동을 개인화하는 것은 저항만 키울 수도 있다. 활동의 목표는 아동으로 하여금 다양한 행동을 능숙하게 구분하도록 돕는 것이다.

적용 및 수정

집단에서 이 게임을 하면 더욱 재미있다. 집단을 두 팀으로 나누고 화이트보드의 그림의 수를 늘린다. 집단 구성원들이 자유롭게 이야기한 후 어떤 행동을 지워야 할지 결정하도록 한다. 각 집단은 문제 행동과 그렇지 않은 행동을 정확히 구분해 냈을 때 점수를 얻는다. 대체할 수 있는 행동을 그리면서 각 집단은 더 많은 아이디어를 생각해 낼 수 있을 것이다.

미친 마라카스
(Mad Maracas)

❶ 치료 양식: 개인/집단/가족

❶ 대상: 3~14세

❶ 치료 단계: 중기 작업 단계

❶ 치료 목표

1. 내담자가 분노 감정을 정확히 규명하도록 돕는다.
2. 내담자가 분노의 연속성과 분노가 고조되는 방식을 이해하도록 돕는다.
3. 내담자가 분노가 고조되기 전에 적절하게 분노를 표출할 수 있도록 돕는다.

❶ 준비물

–다양한 모양과 크기의 마라카스

–말린 콩

–쌀

–빈 통

–막대기

진행 방법

많은 내담자는 문제가 되는 분노 표현으로 고통을 겪는다. 화가 나면 언어로 효과적으로 전달하는 법을 배울 때까지 아동의 분노는 행동으로 표현된다. 어린 내담자는 분노의 뉘앙스에 대한 이해가 부족하다. 또한 분노라는 감정이 질과 강도의 측면에서 실망 또는 짜증, 강한 분노와 어떻게 다른지도 이해하지 못한다. 분노가 고조되는 것을 초기에 알아차리는 방법 또한 제대로 이해하지 못하고 있다. 이 활동은 아동에게 이 과정을 가르치고 분노를 언어적으로 적절하게 표현하는 연습을 돕기 위해 고안되었다.

먼저, 내담자에게 다양한 종류의 마라카스를 보여 준다. 다룰 수 있는 마라카스가 많아질수록 내담자는 다양한 경험을 할 수 있다. 내담자에게 두 개의 마라카스를 골라서 흔들게 한다. 세게 흔든 후에는 다시 부드럽게 흔들도록 한다. 이는 큰 소리와 부드러운 소리를 만들어 낸다. 부드럽게 그리고 크게, 작게 흔들어 보라고 한다. 우리의 분노는 마라카스가 만드는 소리와 비슷하다고 설명해 준다. 내담자에게 분노의 연속성을 설명해 준다(이는 화산의 모형이나 온도계를 이용해 설명할 수 있다). "어느 날 일어나서 빨간 셔츠를 입고 싶었는데 세탁기 안에 들어 있을 때 넌 실망감을 느껴."와 같은 예를 제시해 준다. '실망'이라는 단어를 온도계나 화산 아래쪽에 쓴다. "그 후 부엌에 아침을 먹으러 가서 시리얼을 그릇에 담았는데 누나가 우유를 막 다 먹은 걸 알아차렸어. 그때 넌 마음이 불편해. 그 후에 버스를 탔는데 누가 네가 제일 좋아하는 자리에 앉아 있어. 너는 짜증을 느껴. 학교에서 첫 번째 수학 문제를 풀지 못했을 때 좌절감을 느껴. 그런데 조니가 너한테 눈을 흘기고, 너는 그 아이를 때려." 조니를 때린 선택 뒤의 분노는 사실 이른 아침부터 쌓였던 것임을 설명해 준다. 내담자에게 다른 예시를 들어 주되 내담자가 이야기의 각 부분이 끝난 후에 마라카스를 흔들며 "너는 ______를 느껴."라는 빈칸을 채우게 한다. 내담자는 이야기가 자신을 매우 화나게 하면 마라카스를 세게 흔들고, 불편하거나 짜증나는 감정일 때는 부드럽게 흔들 것이다.

내담자가 분노가 쌓일 때 몸 안에서 무슨 일이 일어나고 있는지 알아차리도록 돕는다. 내담자가 화날 때의 상황을 가지고 역할극을 한다. 보통 아동은 다른 사람이 주변에서 자신을 보고 웃거나 때리거나 찌르거나 시끄럽게 구는 행동을 할 때 자주 화가 난다. 치료사는 거슬리는 행동을 하는 사람의 역할을 맡는다. 처음에 내담자는 치료사가 하는 행동을 멈추게 하기 위해 마라카스만 흔들면 된다. 내담자가 점점 강력한 감정을 느끼기 시작한다. 내담자가 마라카스를 흔들면 분노를 유발하는 행동은 멈춘다. 이는 내담자에게 다음 단계를 연습하기 위한 동기 부여의 역할을 한다.

이제 치료사는 내담자가 마라카스를 흔드는 대신 말로 표현할 수 있도록 돕는다. "나는 네가 나를 보고 웃으면 화가 나." 또는 "나는 네가 내 연필을 물어보지 않고 사용하는 것이 싫어."라는 문장이 그 예이다. 내담자가 언어화를 연습하도록 돕고, 이 문장들이 유용하게 적용될 수 있는 실제 상황에 대해 이야기한다.

진행 과정 중 가능한 질문

- 너를 화나게 하는 일은 무엇이니?
- 분노를 설명하기 위한 단어들 중 알고 있는 단어는 어떤 것이니?
- 너는 항상 '매우' 화가 나 있니, 아니면 '조금' 화가 나 있니?
- 마라카스를 흔들고 나서 상대방이 짜증나게 하는 행동을 멈추었을 때 어떤 기분이었니?
- 다른 사람이 너를 괴롭히는 것을 멈추게 하기 위해 어떤 단어를 사용할 수 있니?

과제

만약 부모가 놀이치료실에 없다면 초대하도록 한다. 아동으로 하여금 부모에게 다양한 힘으로 마라카스를 흔들어 분노의 정도를 보여 주도록 한다. 부모에게 아동이 분노를 표현하기 위해 말을 사용하도록 노력하고 있다고 설명한다. 아동이 분노를 표현하기 위해 적절한 단어를 사용할 때마다 부모로 하여금 이를 긍정적으로 강화시킬 수 있는 차트를 만들도록 한다. 칭찬과 문제 해결을 위해 가족에게 다음 주에 차트를 가져오도록 요청한다.

특별 고려사항

치료 초반에 많은 어린 내담자는 자신의 분노 문제에 있어 방어적이다. 내담자는 놀이치료실에 올 때 잘못된 분노의 표현으로 인해 계속 지적을 받게 된다. 이로 인해 분노를 표현하는 것은 '나쁘다'고 믿게 된다. 치료사가 해야 할 일은 아동이 불편함을 느끼지 않도록 하면서 분노를 표현하는 효과적인 방법을 가르치고, 연습하도록 돕는 것이다.

이제 등장인물들이 어떠한 상황 때문에 분노하게 되는지를 치료 시에 이야기로 들려주어도 예전에 비해 거부감은 줄어들 것이다. 아동에게 이야기를 읽어 주고 이야기 내의 여러 지점에서 등장인물이 느낄 것이라고 생각하는 분노의 정도로 마라카스를 흔들게 하는 것과 같은 독서 요법 및 인형놀이는 분노 파악에 유용한 방법이다.

적용 및 수정

아동이 자신의 도구를 만든다면 새로운 분노 표현 기술 연습을 위한 아동의 노력은 증가할 것이다. 가장 간단한 방법은 아동에게 두 개의 빈 달걀과 마른 콩, 쌀, 모래 등과 같은 속을 채울 재료를 주는 것이다. 아동은 다양한 분노의 정도를 반영하는, 소리를 발산하는 몇 개의 달걀 셰이커를 쉽게 만들 수 있다. 아동은 이 새로운 도구를 집에 가져가 활동을 계속할 수 있다. 이 활동은 집단에 적용해도 재미있다. 집단으로 진행하면 구성원들은 개별적으로 그리고 집단으로 분노의 다양한 정도를 반영하는 소리를 얼마나 크게 낼 수 있는지 실험해 볼 수 있다.

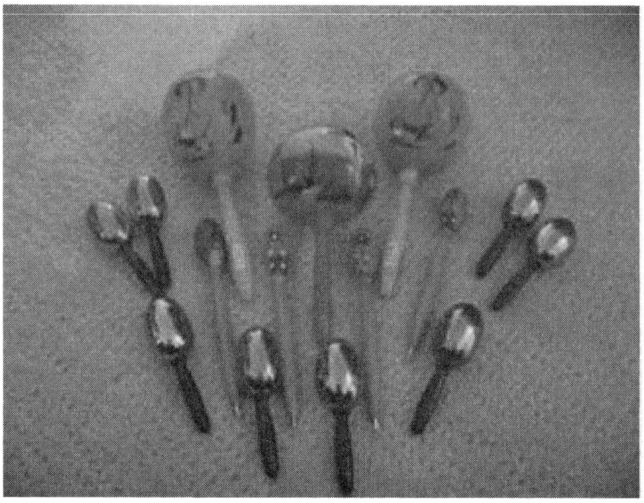

불을 뿜는 용
(Fire-Breathing Dragons)

치료 양식: 개인/집단/가족

대상: 5세~성인

치료 단계: 중기 작업 단계

치료 목표

1. 내담자에게 분노 확대 단계에 관해 알려 준다.
2. 내담자가 어떤 상황에 분노로 대응하는지 알아차리도록 돕는다.
3. 내담자에게 문제가 되는 분노 표현이 어떤 것인지 파악하도록 돕는다.
4. 내담자가 분노를 적절하게 표현하기 위한 대체 전략을 갖추도록 한다.

준비물

–공작용 종이

–마커펜(유성펜)

–용 인형

–장난감 용

진행 방법

아동은 요정 동화와 마법의 신비로운 생명체를 좋아한다. 남자 아동은 특히 용을 좋아한다. 그래서 불을 뿜는 용은 내담자의 분노 표현을 위한 은유로 사용하기에 효과적이다. 먼저, 용 인형이나 다양한 용의 상징물을 내담자에게 보여 준다. 나의 놀이치료실에는 여러 개의 다양한 크기의 용 인형이 있다. 손가락 크기의 용 인형부터 손 크기의 용 인형, 심지어 네 살 아동의 키만 한 인형도 가지고 있다. 모래 상자에서 사용되는 머리가 두세 개 달린 용 인형도 있다. 다양한 크기의 인형을 보면서 내담자는 자신이 공감하는 용 인형을 고른다.

내담자에게 용에 관해 알고 있는 것을 물어본다. 대부분 용이 불을 뿜는다고 말할 것이다. 내담자에게 불이 무엇을 할 수 있는지 물어본다. 불은 모든 것을 불태우면서 파괴해 버린다. 용이 목표를 향해 불을 내뿜는 상황과 사람이 상대방을 향해 분노의 말을 내뱉는 상황을 비교해 본다.

이제 주황색과 노란색 종이를 삐죽삐죽하게 잘라 불 모양을 만든다. 다른 사람이 타인을 향해 말한 몇 가지의 분노를 표현하는 단어를 아동이 들은 대로 종이에 적도록 한다. 분노 표현이 적힌 불 모양의 종이를 많이 만들어 낸다. 아동에게 단어뿐 아니라 분노를 나타내는 행동을 생각해 보고, 누군가 다른 사람에게 했던 분노의 행동을 떠올리도록 한다. 이 행동들 역시 종이에 적게 한다. 아동에게 다른 사람이 이 분노의 단어와 행동에 어떻게 반응할지 예상하도록 한다.

치료사가 다른 용 인형을 고르는 동안 내담자로 하여금 용이 '되도록' 한다. 이를 통해 내담자는 분노 표현들이 얼마나 부정적인 결과를 야기하는지 경험하게 된다. 분노의 표현이 적힌 종이를 하나씩 용의 입 앞으로 들어 올린다. 치료사가 들고 있는 인형이 분노의 표현을 발산하며 파괴하는 행동을 보인다. 이로 인해 인형은 도망가거나 파괴될 수 있다.

이제 감소되어야 할 행동과 관련된 치료 목표에 불 모양의 종이를 묶는다. 다음의 몇 회기에 걸쳐 불을 뿜는 모양으로 표현된 적절하지 않은 분노 표현을 긍정적인 분노 표현으로 대체한다. 아동은 대체 행동이나 언어를 만들어 낸 다음 용 인형과 함께 이 새로운 전략을 연습한다. 치료사의 인형은 아동의 용 인형과 관계를 지속하고 친사회적인 상호관계를 구축하면서, 부적절한 분노 표현을 새롭게 만들어진 분노 행동으로 표현할 것이다.

진행 과정 중 가능한 질문

–용이 되는 건 어떤 느낌이니?
–용이 외로움을 느낄 것 같니? 그 느낌은 어떨 것 같니?
–누군가 분노를 폭발시키면 사람들은 어떻게 대응할 것 같니?
–사람들을 달아나게 하지 않고 분노의 감정을 알릴 수 있는 다른 방법은 어떤 것들이 있니?

과제

아동에게 활동에 사용할 한 장의 불 뿜는 모양의 종이를 고르게 한다. 아동이 회기 중에 대체 전략을 세울 수 있도록 돕는다. 아동은 불 모양의 종이 뒤에 대체 분노 표현을 적는다. 아동에게 이 대체 전략을 집으로 가지고 가서 매일 한 차례씩 연습하도록 한다. 대체 전략을 확인할 수 있는 차트는 아동이 긍정적인 분노 표현을 친사회적으로 발산하도록 연습하는 것을 부모가 확인하는 데 사용될 수 있다.

특별 고려사항

어려서 글을 쓸 수 없는 아동은 불 모양 종이에 그림을 그릴 수도 있다. 아동이 자신의 분노 문제에 직면하면서 생겨나는 초기 저항을 줄이기 위해 긍정 및 부정의 분노 표현을 보여 주는 독서 요법 재료를 사용하는 것이 좋다. 아동 문화에 깊숙이 자리 잡은 애니메이션으로 〈슈렉〉이 있다. 이 영화에는 불을 뿜는 레이디 용이 등장한다. 레이디 용은 다른 사람으로 하여금 자신이 원하는 것을 하도록 만들기 위해 분노를 사용하려 하기 때문에 영화의 전반부에 그녀는 혼자이며 외롭다. 영화 후반부에 그녀는 친사회적 상호작용을 통해 친구를 얻게 된다.

적용 및 수정

이 활동은 가족 체계가 가족 관계에 어려움을 만드는 격렬한 분노 표현을 면밀히 들여다볼 수 있도록 돕는다. 아동 내담자가 내뱉는 부적절한 분노 표현을 종종 다른 가족 구성원이 따라하곤 한다. 가족 치료에서 가족 구성원에게 두세 가지 전형적인 분노에 대한 대응표현과 행동을 적어 보도록 한다. 이와 함께 가족이 선택한 용 인형 및 다른 인형들을 사용해 역할극을 할 수 있다. 이 적절하지 못한 분노 표현이 가족 관계의 갈등을 악화시킨다는 사실이 분명해지면 이제 같은 인형을 사용해서 분노를 친사회적으로 발산하는 연습을 시작한다.

개미가 바지 안에 있어 (Ants in My Pants)

치료 양식: 개인/집단/가족

대상: 4~12세

치료 단계: 중기 작업 단계

치료 목표

1. 내담자가 보이는 전형적인 과잉 행동 목록을 만든다.
2. 내담자는 과잉 행동과 충동 행동이 일어나는 상황의 연결점을 찾는다.
3. 내담자에게 과잉 행동과 산만한 주의력을 줄이기 위한 대처 기술을 가르친다.
4. 내담자는 역할극을 통해 새로 배운 대처 기술을 연습한다.

준비물

–개미 스티커

–흰 종이

–마커펜(유성펜)

–공작용 종이

–스테이플러

–개미 손가락 인형

진행 방법

이 활동은 ADD로 진단받은 아동들을 위해 고안되었다. ADD 아동을 겪은 많은 부모와 교사는 이 아동의 특징을 "바지에 개미가 있다."고 묘사하곤 한다. 그런데 이 은유는 초등학생 고학년 아동을 포함하기에는 유치할 수 있다. 먼저, 아동에게 바지에 개미가 들어간 적이 있는지 물어본다. 아동은 킥킥대며, "아니요."라고 대답할 것이다. 개미가 바지에 들어간다면 어떤 기분일지 아동에게 물어본다. 개미가 바지에 들어갔는데 가만히 앉아 있는 것이 쉬울지, 그리고 개미가 바지에 들어갔는데 선생님이 하는 말에 집중하는 것이 쉬울지 등을 물어본다. 두 질문에 대한 답은 모두 "아니요."이다. 아동에게 굉장히 큰 종이에 자화상을 그리도록 한다. 그런 다음 종이로 바지를 만들어 스테이플러를 사용해 자화상에 부착하도록 한다. 바지의 양쪽과 아래를 스테이플러로 찍어 주머니를 만들 수 있다. 이제 아동에게 개미 스티커와 가는 줄이 그려진 흰 종이 뭉치를 보여 준다. 내담자에게 개미 스티커를 가는 종이에 붙이게 한 후 바지에 개미가 있다면 어떻게 행동할 것인지 그리거나 적게 한다. '연필을 책상에 계속 두드린다.' 또는 '의자에 엉덩이 대신 무릎으로 앉는다.' '샐리에게 메모를 건넨다.'와 같은 대답을 적을 것이다.

아동에게 자신이 인식하고 있는 과잉 행동의 숫자를 알아내도록 한다. 만약 부모나 교사가 치료사에게 알려 준 다른 문제를 유발하는 행동이 있다면 치료사는 이 행동을 아동에게 개미가 바지에 들어간 느낌을 주는 행동이라고 알려 줄 수 있다. 아동의 방어성에 따라 아동은 원래 하려고 하지 않은 행동을 할 수도 있다. 개미로 만든 줄을 완성하면 내담자는 이것을 접어 자화상에 스테이플러로 고정시킨 바지 '주머니'에 넣는다. 이 단계의 활동이 치료 시간 전체를 차지할 수도 있다. 시간이 모자라는 경우에 치료사는 활동을 중단하고 다음 주에 계속할 수도 있다.

아동이 돌아오면 치료사는 바지에 개미가 들어간 자화상을 꺼낸다. 아동에게 한 번에 하나의 개미가 그려진 줄을 꺼내도록 한다. 만약 아동이 줄을 꺼내며 "나는 샐리가 불평할 때마다 발을 많이 차게 되고 어려움을 겪는다."라고 말하면, 치료사는 이 행동을 완화할 수 있는 대처 전략을 아동이 만들어 내도록 도와야 한다. '바지에 들어간 개미'를 다루는 대처 전략은 '멈추고 생각해'와 같은 혼잣말이 될 수도 있고 '숨을 깊게 들이쉬기'도 가능하며, '교실에서 책상을 다른 장소로 옮기기'와 같은 움직임이 될 수도 있다. 각각의 대처 기술이 만들어지면 본래의 개미 줄 뒤에 쓰거나 그리도록 한다.

그러나 대처 기술에 대해 이야기하는 것만으로는 부족하다. 아동은 이를 연습할 수 있는 기회가 있어야 한다. 이 연습에 개미 손가락 인형이 유용하다. 몇 개의 개미 손가락 인형을 인형의 바지에 넣고 한 번에 하나씩 꺼내게 하면서 개미 손가락 인형을 사용해 대처 전략을 하나씩 연습하도록 만든다. 이 방법을 사용해 모든 대처 전략을 연습할 수 있다. 전략을 연습한 후 치료사는 아동에게 새로 배운 대처 전략을 역할극으로 부모님께 보여 드리도록 권유한다. 이 방법을 통해 학습은 강화된다.

진행 과정 중 가능한 질문

–바지 안에 개미가 있는 것은 어떤 기분이 드니?
–'바지 안에 개미가 있어' 행동 중에 가장 바꾸고 싶은 행동은 무엇이니?
–개미가 사라진다면 너의 신체와 태도는 어떨 것 같니?
–우리가 연습한 대처 전략 중 어떤 것이 가장 쉬웠고, 어떤 것이 가장 어려웠니? 그 이유는 무엇이니?

과제

이 활동은 '개미가 바지에 들어갔다.'는 개념과 아동이 연습하고 있는 대처 전략에 대해서 부모가 이해하고 함께할 때 가장 효과적이다. 과제가 주어지고 부모는 집에 가져갈 스티커를 받는다(긍정적 행동 차트를 만들 수도 있다). 아동에게 주어진 과제는 집에서 대처 전략을 연습하는 것이고, 부모의 역할은 지켜봐 주고 대처 전략을 이용하려고 시도할 때마다 개미 스티커를 사용해 보상을 주는 것이다. 다음 회기에서 과제에 대해 이야기하도록 한다.

특별 고려사항

아동은 다양하고 이상한 공포를 가지고 있기 때문에 활동을 방해할 수 있는 개미에 대한 공포 역시 가지고 있을 수 있다. 그래서 치료사는 재량에 따라 이 특정한 은유를 내담자가 쉽게 받아들일 수 있는지 판단해야 한다. 어떤 아동은 효과적인 역할극을 위해 개미 손가락 인형 대신 실제 개미를 상징하는 손 인형이 필요할 수도 있다.

적용 및 수정

집단 활동을 위해 이 활동은 좀 더 재미있게 바꿔 볼 수도 있다. 집단 내 한 사람이 큰 종이 위에 눕는다. 다른 집단 구성원은 누운 구성원의 윤곽을 따라 그리고 누군가는 큰 종이 개미를 자른다. 또 다른 구성원은 이 모형에 고정시키기 위해 바지를 만든다. 이제 각자 '바지에 개미가 들어갔을 때' 어떻게 행동할지에 대해 한두 가지 정도 생각해 본다. 그런 다음 개미 줄을 바지 안에 넣고 구성원들은 한 번에 하나씩 꺼낸다. 모든 집단 구성원은 과잉 행동을 다루기 위한 대처 전략을 만들고 역할극을 하는 것을 돕는다.

다른 관점 가지기
(On the Other Hand…)

치료 양식: 개인/집단/가족

대상: 7~18세

치료 단계: 중기 작업 단계

치료 목표

1. 내담자의 관점을 가지는 능력을 향상시킨다.
2. 내담자가 사회적 상황에서 성공하도록 돕는다.
3. 내담자의 문제해결 능력을 향상시킨다.

준비물

- 8.5×11인치 펠트지
- 펀처(종이에 구멍을 뚫는 사무용품)
- 실 또는 끈
- 장갑 한 쌍
- 마커펜(유성펜)

진행 방법

치료에 참가하는 많은 아동은 다른 이들에 대한 관점을 받아들이는 능력에 장애가 있다. 이러한 아동은 사회적 상황에서 능숙하게 헤쳐 나가기가 어렵다. '관점 취하기'가 불가능한 아동은 다양한 해결책이 있을 때조차 종종 자신의 생각이 '옳은' 결론이거나 '유일한' 결론이라고 여긴다. 과거의 부정적인 기록을 보면, 일부 내담자는 타인을 '일부러 그들을 괴롭히는 사람'으로 인지할 것이다. 이들은 부정적 의미를 타인의 행동 탓으로 돌릴 것이다. 예시를 살펴보자. 조나단이라는 11세의 소년은 점심을 먹기 위해 앉을 자리를 찾고 있었다. 그곳엔 조나단이 친해지고 싶어하는 두 명의 친구도 있다. 조나단이 그들에게 다가가는데, 둘이 머리를 맞대고 무언가를 속삭이는 것을 발견한다. 조나단은 즉시 그 친구들이 자신에 대한 이야기를 하고 있다고 생각했다. 조나단은 화가 나거나 부끄러운 감정을 느꼈다. 그래서 발걸음을 돌려 혼자 밥을 먹었다. 만약 조나단이 자신의 행동에 대한 결정을 내리기 전에 두 친구들의 행동에 관해 다른 생각을 할 수 있었다면 두 명의 새로운 친구를 사귈 수 있었을지도 모른다. 이 활동의 의도는 조나단 같은 내담자가 그 당시 적어도 최소한 두 개의 대체할 수 있는 해석, 해결책, 선택 등을 생각해 낼 수 있도록 돕는 것이다.

먼저, 내담자에게 펠트지에 왼손을 따라 그리게 한다. 이제 펠트지를 반으로 접고 자른 후 동일한 두 개의 왼손 모양을 만들어 낸다. 같은 방법으로 오른쪽 손도 만들어 낸다. 가장자리에 구멍을 뚫고, 두 개를 노끈이나 실을 이용해 묶는다. 이로써 아동에게 임시 장갑이 생긴다. 이후 내담자에게 부정적인 결과를 야기했던 사회적 상황을 설명하게 한다. 외현화 행동 문제를 가진 많은 아동이 다양한 사회적 상황에서 또래와 자주 싸우곤 한다. 그러므로 아동에게 싸움을 일으킬 수 있는 상황 한 가지를 선택하도록 한다. 그런 다음 아동에게 다른 쪽의 행동을 어떻게 인지했는지 구체적으로 살펴보게 한다. 이러한 인지 활동을 왼쪽 장갑에 쓰거나 그리게 한다. 이제 내담자에게 다른 사람의 입장에서 생각하도록 요청한다. 내담자는 종종 자신의 생각이 정확하다고 확신하기 때문에 치료사는 내담자가 다른 가능성을 발견하도록 도와야 한다. 앞서 언급한 조나단과 두 친구의 예시에서 두 명의 친구는 둘 중 한 명이 가지고 온 멋진 장난감에 대해 서로 귓속말을 하고 있었을 수도 있다. 내담자로 하여금 다른 쪽 '장갑'에 그들의 행동에 대한 다른 해석을 쓰거나 그리도록 한다. 이 활동은 아동이 폭넓은 관점을 가지도록 연습할 수 있게 돕는 시작점이 될 수 있다. 또한 특정 상황에서 새로운 관점을 가지는 것이 자신의 행동을 바꿀 수 있다는 사실을 아동이 알도록 돕는다.

진행 과정 중 가능한 질문

- 새로운 사람을 만날 때 첫 번째로 어떤 생각을 하니?
- 너로 하여금 다른 사람에게 가장 분노하게 만드는 행동은 무엇이니?
- 친구가 너를 오해했던 경우에 대해 이야기해 보겠니?
- 왜 이런 일이 일어났다고 생각하니?
- 과거의 다른 상황에 대해 이야기해 보자. '다른 관점 가지기' 활동이 너에게 어떻게 도움이 될 수 있었겠니?

과제

아동에게 다음 주 중에 한 번 이 새로운 활동을 연습하도록 한다. 아동에게 다음 주에 불편한 상황이나 친구와 의견이 충돌하는 상황에 처할 수 있다고 설명해 준다. 상황에 대응하기 전에 자신의 관점을 자각하도록 노력하고 다른 사람의 관점에서 생각해 보도록 한다. 다음 회기에서 이에 관해 이야기를 해 본다.

특별 고려사항

이 활동에서 가장 중요하게 고려해야 할 것은 발달과 관련된 것이다. 이 활동은 발달 단계의 특징이 자기중심적인 유아나 학령전기 아동에게는 적합하지 않다. 이 경우 타인의 생각을 수용하는 능력이 아직 발달되지 않았기 때문에 실패할 수도 있다. '그들은 나를 좋아하지 않아.' 또는 '그들은 나를 바보 같다고 생각해.' 등은 아동이 가지고 있는 잘못된 믿음의 예시들이다. 그러므로 치료사는 이러한 부정적인 생각을 찾아내고, 종종 다른 사람의 탓으로 돌렸던 투사를 명백하게 밝혀내도록 아동을 도와야 한다.

적용 및 수정

이 기법은 다양한 아동에게 적용이 가능하다. 이 기법은 본래 타인의 의도를 오해하면서 생겨 나는 공격성 때문에 사회적 관계에 어려움을 겪는 아동을 위해 고안되었다. 이것은 아동이 이러한 상황을 잘 직면하고, 어려운 문제에 대한 여러 가지의 다양한 해결책을 찾는 데 도움을 줄 수 있다. 이 활동은 아동이 부정적인 생각을 쓴 다음 그것을 펠트 장갑의 안쪽에 두도록 한다. 그런 다음 다른 장갑에 대체할 수 있는 생각을 적도록 한다. 이 대안을 장갑 속에 놓아두었다가 집에 가져갈 수 있다.

아동은 회기 중에 만든 대안을 상기할 필요가 있을 때는 언제라도 다시 꺼내어 볼 수 있다. 수줍음이 많은 아동에게도 이 기법은 유용하다. 치료사는 수줍음이 많은 아동이 다른 사람에게 다가가려고 할 때 어떤 생각을 갖고 있는지 미리 알아낼 수 있어야 한다. 그런 상황에서 아동이 그들에게 어떻게 받아들여질지 그 방식에 대하여 생각할 수 있도록 브레인스토밍을 한 다음 그중에 가능한 방식을 선택하여, 이를 적은 다음 장갑 속에 놓아둔다. 아동은 기존의 대처 방안을 연습할 수도 있지만 '그러나 한편으로…'라는 다른 관점의 생각을 연습할 수 있다. 이 '다른 관점 가지기' 연습을 통해 부끄러움이 많은 아동도 친구에게 다가가는 방법을 발견할 수 있다.

벌레처럼 너를 화나게 만드는 게 있니?
(What's Bugging You?)

치료 양식: 개인/집단/가족

대상: 5~12세

치료 단계: 중기 작업 단계

치료 목표

1. 내담자가 분노 감정을 탐구하도록 돕는다.
2. 내담자의 감정 및 생각, 상황 사이의 연관성에 대한 이해를 향상시킨다.
3. 내담자에게 분노 감소 전략을 제시한다.

준비물

–두 개의 다른 종류의 벌레 모형
–두 개의 작은 모래 상자
–스프레이형 살충제
–다양한 벌레 인형이나 손가락 인형

진행 방법

우리가 보아 온 많은 아동은 분노를 다룰 때 어려워한다. 이 활동은 내담자가 분노에 대응하는 방식의 목록을 만들어, 그 상황에서 하게 되는 생각을 알아보고 이후 그 생각을 바꿀 수 있게 도와준다. 이 활동은 경험에 기초한 유용한 활동으로서 증명된 인지행동이론 및 연습을 통해 놀이치료 장면에서 내담자에게 경험하도록 해 준다. 먼저, 내담자에게 '벌레로 가득 찬 가방'을 보여 준다. 치료사는 다양한 벌레를 필요로 할 수 있다. 벌레 중 일부는 어떠한 해도 끼치지 않는 가짜 벌레이며, 일부는 위험하고 '징그러워 보이며' 초등학교 남자 아동의 관심을 끄는 벌레이다. 첫 번째 모래 상자를 보여 주고, 숨바꼭질 놀이를 하며 모래에 벌레를 숨기고 아동이 찾도록 한다.

아동이 벌레를 찾을 때마다 자신을 화나게 했던 상황을 이야기하도록 한다. 예를 들어, 아동은 "나는 학교에서 틀린 답을 말했을 때 화가 나."라고 말할 수 있다. 그리고 두 번째 모래 상자를 보여 주며, 그곳에는 '생각들'이라고 쓰인 팻말을 꽂는다. 아동은 팻말을 그릴 때 뇌를 그리거나 생각하는 사람을 그림으로 그리고 싶어 할지도 모른다. 그런 다음 아동에게 상황에 대한 우리의 생각이 종종 특정한 감정으로 이어진다는 점을 설명해 준다. 예를 들어, 앞의 상황에서 '학교에서 틀린 답 말하기'에 대해 내담자는 "모두가 나를 바보 같다고 생각할 거야."라고 생각하며 분노를 느낀다. 이 한 가지만 생각하면 화가 나지만, 만약 다른 생각을 찾아내 생각이 바뀔 수 있다면 그에 따라 감정도 바뀔 수 있다는 것을 알려 준다. 내담자가 첫 번째 모래 상자에서 숨겨 둔 무당벌레를 찾아낸다면 두 번째 모래 상자에 넣을 다른 무당벌레를 가방에서 찾게 한다. 그 후 분노를 유도하는 상황에서 생길 수 있는 여러 가지 다른 생각들을 정확히 묘사하면서 두 번째 모래 상자에 '다른 생각의 무당벌레'를 넣는다.

이제 '스프레이형 살충제'를 보여 준다. 회기를 시작하기 전에 스프레이 살충제 통에 글씨를 쓸 수 있도록 빈 라벨을 붙여 놓는데 어떤 종류의 스프레이 살충제 통이든지 가능하다. 내담자에게 스프레이 살충제가 벌레를 없애는 역할을 하는 것처럼, 새롭고도 건전한 생각은 우리를 화나게 하는 건전하지 않은 생각을 '없앨' 수 있다고 설명한다. 첫 번째 모래 상자의 '화나는 상황'에서 두 번째 그에 대처하는 '생각들'에 넣은 벌레들을 없애 버릴 살충제 통에 '건전하지 않은 생각을 없애는 스프레이'의 라벨을 꾸미게 한다. 내담자와 치료사는 대체 생각을 형성하고 스프레이로 벌레를 잡듯이 그 생각을 소리 내어 말한다. 벌레에 살충제를 뿌릴 때 화나는 상황에서 긍정적으로 대처할 수 있는 생각들을 소리 내어 크게 말하게 한다. 활동을 한 후 내담자에게 새로운 생각이 불러일으킨 감정이 무엇인지 이야기해 본다.

진행 과정 중 가능한 질문

–화를 내게 되는 가장 일반적인 상황을 묘사해 보겠니?
–화가 날 때 무슨 생각을 하니?
–분노를 대체할 수 있는 새로운 생각을 떠올릴 수 있니? 어떤 생각이니?
–새로운 생각은 어떤 감정을 느끼게 하니?

과제

이 활동은 대부분 일상에서 내담자를 화나게 하는 상황과 관련해서 반복된다. 아동에게 이번 주에 일어날 만한 한 가지 상황을 고르도록 한다. 이 상황에서 새로운 생각을 연습하고 새로운 생각을 사용할 때 어떤 감정을 느끼는지 확인하도록 한다. 치료사는 내담자가 이러한 상황에서 대신할 수 있는 생각을 표현하는 상징을 그리거나 써 보는 것을 도와주도록 한다. 내담자는 벽이나 화장실 거울, 냉장고에 이 생각을 걸어 놓아도 된다. 부모에게 아동이 매일 아침 학교 가기 전 거울을 보며 이 생각을 연습하는 것을 돕도록 요청한다.

특별 고려사항

아주 어린 내담자는 자신의 생각을 인지하는 능력(metacognition)이 불가능하기 때문에 이 활동에 효과적으로 참여할 수 없다. 그러나 모래 상자에 분노 상황을 놓는 것은 아동에게 삶에 동반되는 생각을 드러내는 것을 용이하게 한다. 치료사가 분노하게 되는 상황과 애초에 분노를 유발하는 생각, 그리고 이를 대체할 수 있는 생각의 예를 먼저 제시해 준다면 아동은 좀 더 쉽게 이 활동을 끝마칠 수 있게 된다. 또한 대체할 수 있는 생각에 대해 아동이 '내가 할 수 있는 것'을 선택할 수 있어야 한다. 치료사가 대체할 수 있는 생각을 다섯 개 정도 이야기해 줄 수 있지만, 아동이 그 생각을 믿지 못한다면 이는 모두 무의미하다. 그렇기에 이 새로운 대안을 아동이 말로 표현하고 이로써 자신의 분노를 실제로 줄일 수 있는 대체 생각을 고르도록 해야 한다.

적용 및 수정

이 활동에서는 자신의 분노를 들여다보는 방법으로 "벌레처럼 너를 화나게 만드는 게 있니?(what's bugging you?)"처럼 벌레와 관련한 은유적 표현을 사용한다. 다른 감정의 경우 다른 재료를 사용해 내담자로 하여금 동일한 인지행동치료(CBT)를 탐구하도록 도울 수 있다. 예를 들어, 치료사는 파란색 골판지를 잘라 내 '눈물'을 만들고, 이를 모래에 숨긴 뒤 내담자를 슬프게 하는 상황에 대해 이야기할 수 있다. 또 다른 상징을 사용해 걱정, 불안, 긴장 등을 탐구해 볼 수 있다.

이 활동은 집단이나 가족에게 사용하기 위한 변형도 용이하다. 가족 치료에서 인지행동 활동을 할 때 가끔 나타나는 하나의 흥미로운 사실은 여러 가족 구성원들이 동일한 비이성적인 생각이나 신념으로 인해 어려움을 겪는다는 점이다. 부모는 의식하지 못한 채 아동에게 이러한 믿음과 생각을 심어 주고 있었을 것이다. 가족과 함께하는 이 활동은 가족 구성원으로 하여금 서로 배우게 하고, 가족 전체로 확대된 잘못된 믿음을 함께 고쳐 나갈 수 있도록 한다.

장갑을 활용해 사람 대하기
(Treat Them with Kid Gloves)

❶ 치료 양식: 개인/가족

❶ 대상: 6~15세

❶ 치료 단계: 중기 작업 단계

❶ 치료 목표

1. 내담자가 타인의 시각에서 바라볼 수 있도록 돕는다.
2. 내담자가 타인에게서 받은 신체와 관련된 신호를 처리할 수 있도록 돕는다.
3. 내담자의 사회적 만남을 늘린다.
4. 내담자가 또래 아동의 반응들을 통합할 수 있도록 돕는다.

❶ 준비물

–한 쌍의 장갑

–마커펜(유성펜)

진행 방법

아스퍼거에서 자폐로 이어지는 과정에 있는 아동을 포함해 치료 중 만나게 되는 많은 아동은 타인의 비언어적 신호를 정확히 이해하고 처리하는 능력과 관련해 장애를 가지고 있다. 이들이 타인의 비언어적 맥락들을 처리할 수 있다 하더라도 이는 또래에 대한 본인의 행동에 거의 영향을 주지 않는다. 그래서 이들은 대부분의 사람이 타고나는 가장 기본적인 기술을 배워야 한다. 이 활동의 제목 '장갑을 활용해 사람 대하기'는 특정한 사람을 대할 때 주의를 기울여야 하거나 상냥해야 한다는 것을 뜻한다. 사실 이 방법은 특정한 사람뿐만 아니라 모든 사람을 대하는 훌륭한 방법이다. 장갑과 관련된 비유가 무엇을 의미하는지 아동에게 설명해 준다. 아동에게 타인을 조심스럽게 대하도록 도와주는 방법 그리고 그러기 위해서 따라 할 수 있는 태도, 물어볼 수 있는 질문, 할 수 있는 일들이 있다고 알려 준다. 회기 동안 아동이 자신의 장갑 세트를 만들게 될 것이라고 설명해 준다.

먼저, 아동에게 한 쌍의 장갑을 고르게 한다. 치료사가 아동이 고를 수 있는 여러 쌍의 장갑을 준비하였다면, 아동은 더욱 큰 권한을 부여받았다고 생각할 것이다. 장갑은 중고품 가게에서 구입해도 되고, 가족의 옷장에서 찾아낼 수도 있다. 장갑은 색상 및 크기, 직물별로 모두 다른 것을 골라야 한다. 아동이 한 쌍의 장갑을 고르면 처음 보는 사람에게 다가갈 때 처음 눈에 들어오는 것이 무엇인지 물어본다. 어떤 아동은 옷이라고 대답할 수도 있고, 다른 아동은 머리카락이라고 대답할 수도 있다. 그러나 사실 아동은 상대방을 볼 때 알아차리는 것이 거의 없고, 목걸이와 같은 작고 세세한 것에 집중하는 경향이 있다. 이 아동들은 감정에 영향을 미치는 타인의 특성을 거의 알지 못한다. 따라서 첫 번째 단계는 내담자에게 비언어적 표현을 읽어 내는 방법을 가르치는 것이다. 치료사가 가르치는 모든 비언어적 표현은 대화할 때 아동이 보디랭귀지에 집중해야 한다는 것을 알리기 위해 장갑의 손가락을 사용한다. 예를 들어, 첫 번째 단계는 사람의 입이 미소 짓고 있는지 찡그리고 있는지를 보는 것이다. 아동에게 장갑의 첫 번째 손가락에 '입을 봐' 또는 단순하게 '입'이라고 쓰게 한다. 비언어적 표현을 분석하기 위한 또 다른 단계는 눈을 맞추고 무엇이 보이는지 찾아보는 것이다. 그런 다음 아동에게 두 번째 손가락에 '눈 맞추기'라고 적도록 한다.

장갑에 적힌 힌트는 내담자의 발달 정도에 따라 달라진다. 경계가 제대로 정립되지 않은 아동의 경우, 비언어적 신호를 읽어 내는 일을 마치는 동안 상대방으로부터 팔 간격을 유지해야 한다는 점을 잊지 않기 위해 첫 번째 손가락에 '팔 간격' 혹은 '유지'라고 써야 할 것이다. ADHD를 겪는 아동을 포함하여 집단적응을 하는 것에 문제를 가지고 있는 아동의 경우, 다른 사람이 무엇을 하고 있는지 알아보기 위해 '먼저 관찰하기'라고 써야 할 것이다. 이로써 아동은 상대방의 활동에 맞추면서 집단과 어울릴 수 있게 된다. 장갑은 성공적인 사회적 만남의 가능성을 높이기 위해 아동이 할 수 있는 목록을 나열해 놓은 것이라 할 수 있다. 예를 들어, 첫 번째 손가락에 '미소'라, 두 번째 손가락에는 '안녕이라고 말해.'라고, 그리고 세 번째 손가락에는 '함께 해도 되냐고 물어봐.'라고 적혀 있을 수 있다. 대부분의 아동은 새로운 사람과의 만남 속에서 치료사가 내담자에게 경험하도록 권유하는 모든 '단계'를 성공적으로 완수한다. 그러나 비언어적 학습 장애와 같은 장애를 겪는 아동의 경우 관계 기술에 대한 별도의 교육이 필요하다. 또한 충분히 많은 연습을 해야 한다. 따라서 장갑을 완성하면 장갑을 끼고 치료사와 역할극을 하며 기술을 연습하도록 한다.

진행 과정 중 가능한 질문

- 새로운 사람을 만날 때 처음으로 눈에 들어오는 것은 무엇이니?
- 상대방을 주의 깊게 살펴보기 위해 (장갑에 적힌) 처음 해야 할 일은 무엇이니?
- 장갑에 적힌 기술 중 가장 하기 어려운 것은 무엇이니? 왜 그렇게 생각하니?
- 가장 쉬운 건 무엇이니? 그 이유는 무엇이니?

과제

놀이치료실에서 연습한 후 아동에게 이미 좋은 관계를 맺고 있는 사람 한 명을 고르도록 한다. 이는 아동이 성공하도록 도와줄 수 있는 방법이다. 상대방에게 다가가기 전에 먼저 그 사람을 '평가'하고 그 사람에 맞게 단계를 만들어 실행하도록 한다. 동일한 사람과 한 주에 여러 번 이 활동을 하도록 권유한다. 그리고 다음 회기에서 이에 관해 이야기하도록 한다.

특별 고려사항

감정적 신호 읽기에 심각한 결손을 가진 아동의 경우 천천히 진행해야 한다. 회기마다 단계를 차례대로 가르치고, 장갑에 단서를 쓰고 그 장갑을 낀 후 기술을 연습한다. 치료실이 아닌 곳에서 안전한 사람과 함께 그 주에 배운 기술을 연습하기 위해 과제를 약간 수정할 수 있다.

적용 및 수정

이 활동은 원래 내담자가 상대방의 감정과 목소리의 고저, 말투, 자세와 같은 비언어적 신호를 평가하고 해석하는 것을 돕기 위해 고안되었지만, 다양한 기술을 다루기 위해 변형될 수 있다. ADHD 아동은 보통 교육을 통한 연습, 충동조절 기술 연습, 문제해결 기술 등을 필요로 한다. 이 활동은 ADHD 아동에게도 쉽게 변형하여 적용할 수 있다. 이 경우 장갑 손가락에는 충동조절 기술을 반영하여 '멈추고 생각할 것' '숨 크게 들이쉬기' '앞 바라보기' 등과 같은 단서를 적을 수 있을 것이다. ADHD 아동은 치료 중 충동조절 기술을 연습하면서 장갑을 착용한다. 장갑에 그린 활동은 무언가 또는 누군가를 만지려고 팔을 뻗을 때 눈에 보이는 힌트를 얻는 것을 도와준다.

제6장

자아 존중감 구축 연습하기

(Exercises for Building Self-Esteem)

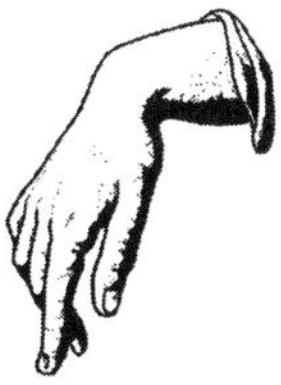

손도장으로 그리는 세상
(Fingerprint Friends)

❶ 치료 양식: 개인/집단/가족

❶ 대상: 3~18세

❶ 치료 단계: 중기 작업 단계

❶ 치료 목표

1. 내담자에게 긍정적 자존감을 길러 준다.
2. 내담자의 자신감을 향상시킨다.
3. 내담자의 긍정적 자기 대화 능력을 향상시킨다.
4. 시각적 신호와 긍정적인 자기 대화를 결합한다.

❶ 준비물

–흰 종이

–다양한 색깔의 인주

–공작용 종이

–베이비파우더

–놀이용 점토

진행 방법

손도장으로 그리기는 각자의 가치와 고유성을 표현하는 훌륭한 방법이다. 아동은 본능적으로 손자국이나 발자국을 만드는 걸 좋아한다. 손도장으로 그리기는 아동이 즐겁게 자신만의 개성을 드러내는 방법이다. 이 활동은 아동에게 있는 자연스러운 호기심에 맞추어 진행한다.

우선 놀이용 점토를 준비한다. 아동에게 놀이용 점토를 조금 떼어 나누어 주고 팬케이크처럼 넓적하게 만들게 한다. 그리고 아동에게 놀이용 점토에 손도장을 찍게 한다. 치료사도 손도장을 찍고 함께 비교해 본다. "이 손도장들은 어떤 점이 같을까? 다른 점은 무얼까?"라고 물어본다. 아동에게 완전히 똑같은 손도장은 없다고 알려 준다. 사람은 모두 특별하며 똑같은 사람은 없다. 이 활동을 하면서 함께 읽을 만한 훌륭한 독서치료 자료는 토드 파(Todd Parr)가 쓴 『달라도 괜찮아(It's O.K. to Be Different)』이다. 다르다는 건 축복받아야 할 일이다. 아동에게 다른 사람과 다른 점이 무엇인지 말해 보게 한다.

다음으로 여러 색깔의 인주와 깨끗한 흰 종이를 가져온다. 내담자에게 손도장을 찍을 색을 고르고, 손도장으로 그림을 그려 보게 한다. 애벌레, 병아리, 사람, 건물, 구름 등 무엇이든 손도장으로 찍으면서 그림을 그릴 수 있다. 아동에게 자신의 특별한 점을 그림 옆에 하나씩 적게 한다. 이렇게 해서 손도장 그림 한 세트를 완성한다. 그런 다음 여러 장의 그림을 모아 책으로 묶는다. 아동의 고유성을 드러내는 제목을 붙이고 표지를 예쁘게 꾸민다.

진행 과정 중 가능한 질문

- 우리는 모두 손도장이 있지? 모양이 다 똑같니? 아니면 다 다르니?
- 사람들은 어떠니? 너만의 특별한 점은 무엇이니?
- 다른 사람과 어떻게 다르지? 특별한 점은 무엇이니?
- 네가 가진 긍정적인 점은 무엇이라고 생각하니?

과제

부모가 아직 이 활동에 참여하지 않았다면 회기가 끝날 무렵에 초대하도록 한다. 책을 보여 주면서 고유성의 개념을 설명해 주고, 밤마다 아동이 잠들기 전에 이 책을 꼭 읽어 주라고 요청한다. 집에서 아동과 양육자가 함께 더 많은 손도장 그림과 긍정적 혼잣말을 책에 추가하도록 한다.

특별 고려사항

어떤 아동은 미술 도구와 같은 표현 재료를 쓰는 것을 불편해한다. 이는 '더러워'지는 게 싫기 때문이다. 그런 반응이 나올 때 달랠 수 있도록 여벌 옷이나 손을 닦을 수건을 미리 챙겨 놓는다.

적용 및 수정

이 활동에서는 보통 인주와 흰 종이를 쓴다. 하지만 아동과 부모가 인주 대신 베이비파우더를 쓰고 싶어 한다면 어두운 색 종이를 쓸 수 있다. 그러면 어두운 배경에 흰색의 손도장이 찍힌다. 이는 '밀가루로 그림 그리기'에서 쓰는 기법을 응용한 것이다. '밀가루로 그림 그리기'는 이 책의 다른 장에서 설명하고 있다. 집단이나 가족 치료에서는 구성원 각자 자신의 손도장 작품을 만든 후 자신에 대한 긍정적인 말을 함께 찾아내어 쓰고 그 부분을 잘라 낸다.

작품을 모두 진열해 놓고, 다른 사람과 함께하면서 사람들이 각자의 개성으로 인해 어떻게 가치 있게 여길 수 있는지 이야기하도록 한다. 또한 집단 치료에서는 모든 아동에게 각기 다른 색상의 인주를 주고 그림이나 작품을 함께 완성하게 하는 것도 재미있다. 모든 구성원은 자신만의 색깔을 가지고 손도장으로 그리기 작품을 할 수 있게 되는 것이다. 이 방식을 통해 모든 구성원이 각자의 개성을 유지하면서 각자의 방식으로 집단 전체의 작품의 완성에 기여할 수 있게 된다.

모래 상자 안에 만드는 사랑의 원 (Sandtray Circles)

치료 양식: 개인/집단/가족

대상: 4세~성인

치료 단계: 중기 작업 단계

치료 목표

1. 내담자에게 긍정적인 자아 존중감을 길러 준다.
2. 내담자 주변에 힘이 되어 주는 사람이 있다는 걸 확인시킨다.
3. 내담자가 다른 사람이 해 주는 긍정적 자기 확언에 집중하도록 돕는다.
4. 내담자가 이 확언을 내면화하여 긍정적인 자아를 형성하도록 도와준다.

준비물

–모래 상자

–10개 이상의 모형 의자

–모래 상자에 놓을 피규어들

진행 방법

치료를 받으러 오는 많은 아동과 청소년들은 낮은 자존감으로 인해 고통을 겪는다. 이들은 낙담한 상태인데, 이는 타인에게서 들은 부정적인 말들을 내면화했거나 스스로 세운 성취 목표 또는 타인이 제시한 목표에 달성하지 못한 상태였을 것이다. 우울증을 겪는 내담자는 자신이 부족하다고 여기는 것에 과도하게 집착한다. 그래서 주변에 도와줄 사람이 있어도 알아보지 못한다. 이 활동은 내담자가 편안하고 사랑이 넘치는 분위기에서 다른 사람이 자신을 격려하는 목소리를 경험하도록 돕기 위해 고안되었다. 이 치료는 집단 치료 기법 중 '사랑의 원'을 응용한 것이다. '사랑의 원'에서 한 사람은 가운데 앉고, 나머지 구성원들은 그 중앙의 구성원을 둘러싼 채로 앉는다. 차례대로 돌아가면서 중앙에 앉은 구성원의 긍정적인 면에 대해 이야기하도록 한다. 칭찬을 할 수도 있고, 중앙의 구성원이 집단에서 보여 준 장점이나 회복탄력성을 한 단어로 요약해 말할 수도 있다. 가운데 앉은 구성원은 주변에서 보내는 칭찬과 따뜻한 마음을 받아들이면서 간단하게 "고마워요."라고 말하는 것만으로 충분하다.

이 치료의 모든 과정은 모래 상자 안에서 이루어진다. 모래 상자로 경계 지어진 '세계' 속에 있다고 생각하면 타인의 긍정적인 목소리에 대한 거부감이 줄어들 수 있다. 내담자는 모래 상자에서 자기 역할을 해 줄 피규어를 선택한다. 이전에 모래 상자 놀이를 해 본 적이 있다면 자신을 상징하는 모형을 가지고 있을 것이다. 그 상징 모형을 모래 상자의 중앙에 놓는다. 그런 다음 의자, 스툴, 흔들의자, 소파 등의 모형을 보여 준다. 내담자에게 가족이나 지금까지 힘이 되어 준 사람을 떠올리며 의자를 골라 보라고 한다. 내담자는 할머니를 생각하면서 흔들의자를 고를 수도 있다. 흔들의자를 보면 할머니가 자신을 안아 주었던 양육과 관련된 기억이 떠오르기 때문이다. 영어 선생님을 생각하면서 스툴 의자를 고를 수도 있다. 교실에서 영어 선생님이 스툴에 앉아 있기 때문이다. 내담자는 이 의자들을 자신을 상징하는 피규어 주변에 원 모양으로 놓는다. 의자를 하나씩 보면서 나를 도와준 사람을 마음속에 그려 본 다음, 그 사람에게서 들었던 긍정적인 말을 말하도록 한다. 아마도 "네가 자랑스러워." 또는 "너는 정말 뛰어난 예술가야." "사랑해."라는 말일 것이다. 내담자나 치료사가 이 말을 작은 현수막에 적고 의자 뒤편의 모래에 꽂아 놓는다. 완성된 모래 상자의 사진을 찍어 내담자에게 준다.

진행 과정 중 가능한 질문

– 네가 정말 편안하게 생각하는 사람은 누구니? 그 사람은 네게 어떤 좋은 말을 해 주셨니?
– 너를 아껴 준 사람을 생각하면 기분이 어떠니?
– 그 사람이 너의 좋은 점을 말할 때를 상상하면 어떤 느낌이 드니?
– 오늘 완성한 모래 상자를 머릿속에 그려 볼 수 있니? 사람들에게서 들은 힘이 되는 말을 머릿속에서 들을 수 있니?

과제

완성된 모래 상자를 찍은 사진을 내담자에게 준다. 내담자는 모래 상자 놀이에서 나왔던 긍정적 자기 확언을 적은 현수막을 집에 가져갈 수 있다. 내담자에게 다음 치료까지 매일 적어도 한 번씩 사진과 현수막을 보도록 한다.

특별 고려사항

불행히도, 많은 내담자가 삶에서 자신에 대한 긍정적인 말을 거의 듣지 못한다. 실제로 아동이 치료까지 받게 되는 가슴 아픈 현실은 이 역기능적인 삶 때문이다. 내담자가 자신을 믿어 준 사람을 한두 명도 생각해 내지 못한다면, 의자에 앉는 사람이 되어 긍정적인 말을 해 주는 역할은 치료사의 몫이다. 아동은 의자와 치료사가 해 준 말을 하나씩 연결시킨다. 치료사는 "너는 참 생각이 깊은 아이구나." "아주 용감하구나." 등의 말을 할 수 있다.

적용 및 수정

이 기법은 집단 치료에서 아주 재미있는 종결 활동으로 이용될 수 있다. 집단 치료는 구성원 한 명이 중앙에 앉는 대신에 모래 상자를 이용해 진행한다. 각자 자신을 대신할 의자를 하나씩 고른다. 지명받은 사람은 자신을 나타내는 의자를 모래 상자에 놓는다. 나머지 구성원은 가운데 놓인 의자 주위에 차례로 자신의 의자를 원 모양으로 놓는다. 의자를 놓으면서 중앙의 구성원에게 한 가지씩 긍정적인 말을 한다. 구성원들은 일부 아동에게 위협적으로 느껴지는 눈맞춤을 강요받지 않고서 서로 자유롭게 격려의 말을 주고받을 수 있다.

모든 생각을 한 바구니에 담지 않기
(Don't Put All Your Eggs in One Basket)

❶ 치료 양식: 개인/집단/가족

❶ 대상: 6~18세

❶ 치료 단계: 중기 작업 단계

❶ 치료 목표

1. 내담자가 긍정적으로 자기 대화를 하는 능력을 향상시킨다.
2. 내담자가 자기 대화 중 긍정적인 말과 부정적인 말을 구별하도록 돕는다.
3. 부정적인 말을 긍정적인 말로 바꿀 수 있게 내담자를 돕는다.

❶ 준비물

–종류가 다른 바구니 두세 개

–플라스틱 달걀 껍질(부활절 달걀 찾기 행사에 쓰이는 달걀과 비슷)

–종이

–마커펜(유성펜)

진행 방법

치료를 받으러 오는 내담자들은 부정적인 자기 대화로 가득 차 있는 경우가 많다. 무의식에서 자기 부정적 발언을 수없이 되뇌다 보니 자신이 부정적인 사람이라는 것이 '진실'이 되어 버렸다. 치료가 진행되는 도중 어느 순간에 자아에 대한 이 부정적인 생각을 바꿔야 할 때가 온다. 이 활동은 아동에게 자신의 생각을 인식하도록 도와주는 데 유용하다.

또한 이 기법을 통해 내담자는 떠오르는 다양한 생각을 긍정적인 것과 부정적인 것으로 구분할 수 있다. 아동은 때로 부정적 · 긍정적인 말보다 '좋은 것'과 '나쁜 것' '유익한 것' 또는 '해로운 것'을 더 쉽게 떠올린다.

먼저, 내담자에게 비어 있는 세 개의 바구니와 밝은 색상의 속이 빈 달걀이 가득 들어 있는 한 개의 바구니를 보여 준다. 내담자에게 특정한 순간(나쁜 일이 벌어졌던 상황)을 떠올려 보라고 한다. 내담자의 사고는 특정한 경험과 관련해 더욱 분명해지는 경우가 많기 때문이다. 떠오른 순간을 글로 적거나 그림으로 그려 달걀 안에 넣는다. 이제 "그 일이 벌어졌을 때, 무슨 생각을 했니?"라고 묻는다. 내담자는 "애들이 저를 보고 수군거렸어요. 저더러 낙오자래요. 저랑 놀지 않으려고 해요."라고 답할 수 있다. 아동에게 그 생각을 종이에 적으라고 한다. 달걀 하나당 한 가지 생각을 적어 이것을 두 번째 바구니에 넣도록 한다. 이 바구니에 '첫 번째 생각들'이라고 써 붙이도록 한다. 그런 다음 치료사는 "그 생각이 떠올랐을 때 너의 기분을 0에서 10까지 숫자로 나타내면 어느 정도일까?"라고 질문한다. 내담자는 숫자로 기분을 표시해 달걀에 넣는다. 1은 최악의 기분을 나타내고, 10은 기분이 아주 좋은 최고의 상태이다. 이 달걀들을 '느낌들'이라고 이름 붙인 바구니에 넣는다. 내담자에게 이 감정이나 생각을 본 후 무엇을 하고 싶은지 묻는다. 이 행위를 마지막 달걀에 적고, '내가 하는 행동'이라 표시한 바구니에 넣는다. 내담자에게 생각과 감정, 행동은 서로 관련되어 있기 때문에 생각을 바꾸면 감정과 행동도 바뀐다는 점을 알기 쉽게 설명한다. 다른 바구니를 가져와 '바뀐 생각들'이라고 이름 붙인다. 내담자에게 '첫 번째 생각들' 바구니로 가서 달걀 한 개를 선택하게 한다. 치료사는 내담자와 함께 첫 번째 생각을 바꾸거나 보다 이성적이고 유용한 생각으로 대체하도록 한다. 이 바뀐 생각을 종이에 적어 '바뀐 생각들' 바구니에 넣는다. 내담자에게 이전에 사용했던 1에서 10까지의 감정 단계에 맞춰 바뀐 생각을 평가해 보도록 한다. 생각을 바꾸면 기분이 나아진다는 것을 내담자가 느끼도록 도와줘야 한다. 마지막으로, 지금 과정을 반복해서 '새 행동들' 바구니를 만든다. 첫 번째 생각에서 내담자는 자신에 대해 수군거린다고 생각했던 또래에게서 등을 돌렸다. 하지만 새롭게 인식을 수정했기 때문에 이제 내담자는 그들을 향해 나아갈 수 있을 것이다.

이 치료 기법은 일주일에 한 번 회기 사이에 발생한 곤란한 상황에 대처하기 위해 사용할 수 있다. 시간이 갈수록 내담자는 능숙하게 이 과정을 단계별로 밟아 갈 것이다. 내담자가 불합리한 생각과 자신에게 도움이 되는 말을 자신 있게 구별하게 되면 치료 방식을 바꾼다. 생각을 적어 넣은 달걀은 모두 한 개의 바구니에 섞여 있다. 이제 내담자에게 그 생각이 유발하는 감정의 종류와 그 생각으로 인해 발생하는 결과에 기초하여 이 생각을 분류하도록 권유한다.

진행 과정 중 가능한 질문

- 이번 주에 너를 기분 나쁘게 한 일이 있었다면 말해 볼 수 있겠니?
- 무슨 일이었니? 그 일이 생겼을 때 어떤 생각을 했니? 기분은 어땠니? 그 순간에 어떻게 반응했니?
- 그때 다른 식으로 생각하면 어땠겠니?
- 생각을 바꾸고 나니 기분이 어떻게 달라지니?
- 생각과 감정을 바꾸면 행동은 어떻게 달라졌겠니?

과제

한 주 동안 벌어진 일 가운데 내담자의 기분을 나쁘게 만든 상황에 대해 일기를 쓰도록 한다. 달걀 분류하기에 익숙해지면 생각을 기록하게 한다. 그리고 이를 매주 치료에 가져오게 한다.

특별 고려사항

생각과 감정, 행동이 모두 연결되어 있다는 개념은 내담자에게 낯설 수 있다. 달걀을 활용하면 이 관계를 체계적으로 이해할 수 있다. 하지만 내용이 벅찰 경우 치료사는 이 기법을 주마다 조금씩 나누어 진행해야 할지 결정해야 한다. 예를 들어, 이번 주에는 내담자에게 생긴 곤란한 상황을 적거나 그리게 하고, 다음 주에는 그 상황과 관련되어 생긴 생각에 대해 이야기해 본다. 그리고 그 다음 주에는 감정과 그 결과로 인해 생겨난 행동을 살펴본다. 내담자마다 발전 단계나 치료를 받아들이는 정도가 다르기 때문에 치료사는 이를 고려해 계획을 세워야 한다.

적용 및 수정

이 기법은 집단 치료에도 적용 가능하다. 집단을 팀으로 나누고 팀마다 바구니를 하나씩 나누어 준다. 첫 번째 팀은 상황을 제시한다. 두 번째 팀은 '첫 번째 생각들'을 적어 달걀에 넣는다. 세 번째 팀은 그 생각이 어떤 감정을 만들어 내는지 생각해 보고, 이를 반영해 숫자로 나타낸다. 네 번째 팀은 그 감정으로 인하여 일어날 행동을 예측한다. 이제 첫 번째 팀과 두 번째 팀이 힘을 합쳐 '바뀐 생각들'을 만들고 이 과정을 반복한다.

돌 내부의 빛나는 수정
(Geodes)

치료 양식: 개인/집단/가족

대상: 4~18세

치료 단계: 중기 작업 단계

치료 목표

1. 내담자의 긍정적 자존감을 향상시킨다.
2. 내담자가 긍정적 언어로 자기 대화를 할 수 있도록 돕는다.
3. 내담자에게 자신감을 심어 준다.

준비물

–정동석(晶洞石)(광물회사나 통신판매 카탈로그를 통해 주문할 수 있음)

진행 방법

정동석은 모든 사람에게 자신만의 독특한 아름다움이 존재한다는 것을 보여 주는 훌륭한 상징물이다. 정동석은 겉모습만 보면 모두 동일하게 보인다. 평범하기 이를 데 없는 돌이다. 심지어 구별도 어렵다. 아동은 종종 자신에게는 특별한 점이 없다고 생각하는 경우가 많다. '난 그저 평범해.'라고 생각하는 것이다.

이 치료를 통해 겉으로 봤을 때 평범한 돌과 자신을 다른 사람과 똑같이 여기는 내담자의 사고방식을 비교할 수 있다. 정동석은 겉모양만 보면 가장자리가 울퉁불퉁한 돌에 불과하지만 그 안은 놀랍도록 아름답다. 정동석을 쪼개는 순간 아름다운 수정이 드러난다. 이제 내담자에게 정동석을 주고, 겉모양을 묘사해 보라고 한다. 돌을 묘사한 단어들을 적는다. 그런 다음 내담자에게 망치로 정동석을 쪼개 보도록 한다. 돌의 가운데가 깨끗하게 갈라지는 것이 가장 좋다. 이번에는 정동석 내부를 묘사하고, 이를 적도록 한다. 이 두 개의 목록을 비교해 보면 마치 '세상 사람들이 나를 보는 모습'과 '내 안에 실제로 있는 모습'을 비교하는 것 같다. 내담자에게 정동석 내부의 수정 모서리를 하나씩 볼 때마다 내담자가 좋아하는 자신의 모습 또는 자신이 잘하는 것, 다른 사람이 좋아하는 나의 모습을 말하도록 한다. 내담자는 아마 수정의 모서리가 너무 많아 말로 표현하기 불가능하다고 대답할 것이다. 그럼에도 말해 보도록 내담자를 격려한다. 정동석을 활용하면 정동석이 없을 때보다 자신에 관한 긍정적인 말을 훨씬 많이 하게 된다.

진행 과정 중 가능한 질문

–밖에서 보면 이 정동석은 어떻게 보이니?
–정동석 안을 보면 무엇이 보이니?
–안에서 보면 어떻게 보이니?
–사람들은 너의 겉모습을 보고 뭐라고 말하니?
–네 안의 모습은 다른 사람과 어떻게 다르고, 뭐가 특별한 것 같니?
–네가 잘하는 건 뭐니? 네가 좋아하는 너의 모습은 뭐니?
–사람들은 너의 어떤 점을 좋아하는 것 같니?

과제

내담자가 치료 과정에서 말했던 자아를 긍정하는 단어 목록을 복사해 정동석과 복사한 목록을 집에 가져가게 한다. 정동석과 종이를 눈에 잘 띄는 장소에 놓는다. 치료를 받지 않을 때는 이 목록을 매일 적어도 한 번씩 읽도록 한다.

특별 고려사항

내담자는 자신의 긍정적인 면을 분명하게 말하는 것을 어려워하는 경우가 종종 있다. 하지만 정동석을 이용한 비유를 통해 아동은 자신이 지닌 고유성을 이야기할 수 있게 된다. 게다가 정동석 안에는 많은 수정이 들어 있어 내담자가 자아를 긍정하는 발언을 많이 할 수 있도록 도와준다. 내담자가 계속 어려워하면 치료사는 내담자가 보여 준 긍정적인 성격과 행동들을 말로 들려주며 도와준다.

적용 및 수정

가족 치료에서도 정동석을 활용할 수 있다. 가족의 고유함을 만들어 내는 아름다운 특성과 정동석을 비교할 수 있다. 모든 가족 구성원은 공통점을 지닌다. 적어도 가족 중 두 명 이상은 공통점을 지닌다. 하지만 동시에 이들은 개인마다 독특한 특성을 지닌다. 가족 구성원 각자가 가족 전체에 가져다주는 긍정적인 특징과 가족 구성원 모두가 참여하는 긍정적 과정을 숙고할 때 가족의 정체성은 더욱 분명해진다.

내 안의 요새를 지켜라
(Under Attack)

치료 양식: 개인/집단

대상: 7세~성인

치료 단계: 중기 작업 단계

치료 목표

1. 내담자가 자아 존중감을 향상시키도록 돕는다.
2. 내담자가 부정적인 자기 대화를 가려낼 수 있도록 돕는다.
3. 대체할 수 있는 말을 만들기 위해 내담자가 부정적인 발언을 외현화하도록 돕는다.
4. 내담자가 생각을 멈추는 법을 연습하도록 돕는다.
5. 내담자가 긍정적 자기 대화를 연습하도록 돕는다.

준비물

–성이나 요새
–이쑤시개
–장난감 무기
–병정, 탱크, 대포 등과 같은 전쟁놀이 장난감
–놀이용 점토
–공작용 종이

진행 방법

이 활동은 특히 초등학생 남자 아동에게 동기를 부여한다. 이 활동에서는 인지행동치료(Cognitive-Behavioral Therapy: CBT)를 구성하는 기본 원리를 살펴보고, 이 CBT 기법을 자존감이 낮거나 잘못된 사고 유형으로 어려움을 겪는 내담자에게 적용할 것이다. 치료 과정 동안 내담자의 자아를 적에게 공격받는 성이나 요새로 비유한다.

먼저, 내담자에게 요새 한 개를 고르도록 한다. 치료사가 미리 조립된 성이나 요새를 갖추고 있다면 그중 하나를 고르게 해도 무방하다. 내담자가 원하면 블록, 부품, 병정 등을 사용해 직접 만들어도 된다. 준비가 끝나면 내담자에게 자신의 기분을 상하게 하는 자신의 모습을 말하도록 한다. 내담자와 치료사는 이를 종이에 적고 그 종이를 하나씩 오려 탱크, 군인 등등의 전쟁놀이 피규어에 붙이도록 한다. 그리고 부정적인 말이 쓰인 이 탱크를 성벽 바깥에 놓는다. 이렇게 하면 내담자는 부정적 자기 대화를 외현화해 시각적으로 볼 수 있게 된다. 그리고 부정적 자기 대화와 새로 만들어진 긍정적인 생각들이 서로 '전쟁'을 한다는 것을 알 수 있다.

내담자에게 성 밖에 있는 탱크를 물리치도록 전략을 세워 보라고 한다. 내담자는 성 안에 있는 대포로 탱크를 격파할 수도 있고, 성벽 위에 다수의 경계병을 배치할 수도 있다. 이제 탱크에 붙인 부정적인 자기 대화 문장을 긍정적인 말로 바꾸도록 내담자를 돕는다. 긍정적 발언을 현수막에 써서 성벽에 깃발처럼 걸어 놓는다. 또는 공작용 종이에 적고 잘라 내어 이쑤시개에 꽂은 후 놀이용 점토를 사용해 흉벽 위에 배치할 수도 있다. 이제 내담자와 치료사가 전쟁놀이를 한다. 치료사는 탱크에서 발포하는 척하면서 부정적 자기 대화 문장을 외칠 것이다. 내담자는 적에게 맞서 싸우는 척하면서 긍정적으로 바꾼 생각을 크게 외치며 자신의 요새를 수호해야 한다.

진행 과정 중 가능한 질문

- 적군이 너를 공격하기 위해 사용한 무기(발언)는 무엇이었니?
- 위험이 오고 있는 것을 어떻게 알았니?
- 적군으로부터 영토를 지키려고 어떤 무기(발언)를 사용했니?
- 너를 지켜 주는 요새가 없는 학교나 집에서 어떻게 할 수 있겠니?

과제

전쟁놀이를 통해 밝혀진 말 가운데 내담자가 가장 괴롭게 여기는 부정적인 자기 대화 문장 한두 가지를 적어 보게 한다. 그리고 긍정적인 발언이 적힌 '현수막'을 집으로 가져가게 한다. 집에서 부정적인 자기 대화 문장이 생각날 때마다 '생각 멈추기'와 '생각 바꾸기'를 연습해 보도록 한다.

특별 고려사항

치료 과정에서 만들어 낸 긍정적 자기 대화를 내담자가 자신의 것으로 만드는 것은 매우 중요하다. 치료사는 여러 번에 걸쳐 내담자의 인지 방식을 조정하는 치료를 할 수 있다. 하지만 내담자가 그 생각을 실천할 만큼 충분히 믿지 못한다면 절대 그 생각의 주인이 될 수 없다. 그렇기 때문에 치료사는 내담자가 치료 과정에서 만들어 낸 긍정적 자기 대화를 수용하는지 확인해야 한다.

적용 및 수정

이 기법은 CBT 기법으로 고칠 수 있는 여러 정신 장애에 적용할 수 있다. 예를 들어, 불안 장애, 우울 장애, 강박 장애와 트라우마로 인해 내담자에게 생긴 잘못된 신념 체계에 적용 가능하다.

긍정의 힘으로 팽이 돌리기 (Put a Positive Spin on It)

❶ 치료 양식: 개인/집단/가족

❶ 대상: 7세 이상

❶ 치료 단계: 중기 작업 단계

❶ 치료 목표

1. 내담자에게 CBT 기법을 가르쳐 준다.
2. 부정적인 사고 유형을 찾아낸다.
3. 문제가 되는 인지를 재구성한다.
4. 대신할 수 있는 말을 연습한다.

❶ 준비물

–다양한 모양의 팽이

–마트에서 주로 사용되는 갈색 종이봉투나 큰 공작용 종이

–마커펜(유성펜)

진행 방법

이 기법은 내담아동에게 생각 바꾸기의 기본 개념을 가르칠 때 유용하다. 아론 벡(Aaron Beck)은 세 가지의 주요 인지 오류(인지삼제)로 '나는 부족해, 세상은 불공평해, 미래에 희망은 없어'를 제시했다. 치료사가 치료하는 아동이 우울증, 불안 장애 등을 겪고 있다면 바로 이 '인지삼제'에 갇혀 있을 가능성이 높다. 치료사가 해야 할 일은 희망을 만들어 내고, 회복탄력성에 긍정적인 영향을 미치는 자기 대화로 인지삼제를 대체할 수 있게 돕는 것이다. 두 개의 팽이가 한 세트이며, 총 세 개의 '세트'를 만든다. 한 세트에 속한 두 개의 팽이는 크기와 모양은 '일치'하고, 색상과 무늬는 달라야 한다. 예를 들어, 각각 나무로 만들어진 파란색 팽이 한 개와 녹색 팽이 한 개가 한 세트이다. 각 세트는 앞에서 언급한 각각의 인지 오류에 해당한다.

먼저, 아동에게 한 세트의 팽이를 고르게 한 후, "선생님도 네가 얼마나 고민이 많은지 늘 생각하고 있어. 내가 아는 다른 아이들도(일반화, 보편화) 너처럼 걱정이 많단다. 그 애들은 머릿속에서 '나는 쓸모없어, 멍청해, 제대로 하는 것이 하나도 없어.'라고 말한대."라고 이야기한다(자신의 생각을 명확하게 표현할 수 있는 청소년 내담자에게는 '부족해(inadequate)'라는 단어를 많이 쓴다. 그러나 어린 아동이라면 그 나이에 적절한 단어로 바꾸도록 한다). '나는 부족해.'라는 근원적 믿음에 일조한 부정적 자기 대화 문장을 떠올리게 한 다음 준비한 갈색 종이에 적도록 한다. 아동이 떠올린 이 부정적인 말들을 펼쳐 놓은 종이 여기저기에 적는다. 아동에게 팽이를 주고 종이 위에 돌려 보게 한다. 팽이가 한 가지 인지 오류를 가리키면서 멈추면 이를 생각한 후 떠오르는 그림이나 얼굴을 그리게 한다. 이 과정을 더 재미있게 하려면 어떤 문장에서 팽이를 멈추게 할지 생각하고 그곳에서 멈추도록 팽이를 돌리는 것이다. 치료사가 다양한 팽이를 가지고 있다면 아동은 이를 재미있게 반복할 것이다.

두 번째 단계는 첫 번째 단계를 기반으로 한다. '나는 부족해.'라는 부정적 말을 대신할 긍정적인 말을 생각해 내도록 돕는다. 아동이 생각해 낸 말을 다른 갈색 종이에 적는다. 앞서 적은 갈색 종이에 비해 가볍고 밝은 색상의 종이가 좋다. 두 번째 팽이를 보여 주고 돌리도록 한다. 팽이가 바뀐 생각에서 멈추면 내담자는 바뀐 생각으로 인해 떠오르는 감정으로 가득한 얼굴이나 그림을 그린다. 아론 벡의 인지삼제를 해결해 나가는 이 활동을 몇 회기에 걸쳐 반복한다.

진행 과정 중 가능한 질문

–'나는 쓸모없어.'라고 생각하고 이것을 종이에 적을 때 어떤 느낌이었니? 1에서 10 사이의 점수로 대답해 주겠니?

–첫 번째 종이에 팽이를 돌렸을 때 기분 나쁘게 만드는 생각에서만 팽이가 멈췄어. 이 상황을 어떻게 바꿀 수 있겠니?

–'나도 잘하는 게 많아.'라는 바뀐 생각을 적을 때는 기분이 어땠니? 1에서 10 사이의 점수로 대답해 주겠니? (이때 아동이 만든 모든 문장을 물어보도록 한다)

–부정적인 말을 바뀐 생각으로 대체하도록 어떻게 연습해 볼 수 있겠니?

과제

아동에게 조그만 팽이를 주고 집에 가져가라고 한다. 학교뿐만 아니라 어느 곳을 가든 언제나 주머니에 팽이를 넣고 다니게 한다. 부정적인 생각이 떠오르면 주머니 속에서 팽이를 잡고 팽이를 돌리는 상상을 하도록 한다. 상상만으로 충분하지 않다면 팽이를 꺼내 돌리면서 대체할 수 있는 말을 연습하도록 한다. 부모에게 아동과 팽이를 사용해서 바뀐 생각을 연습하는 모습을 볼 때마다 보상을 주라고 요청한다. 아동과 부모는 보상이 적힌 원 모양의 차트를 만들어 볼 수도 있다. 아동은 팽이를 돌리고 팽이가 멈춘 곳에 적힌 보상을 받을 수 있다.

특별 고려사항

인지 재구성이 힘든 과정임에도 불구하고 아동이 끌리게 되는 이유는 팽이를 돌리고 적힌 문장에서 멈추는 걸 보는 것이 새롭고 신기하기 때문이다. 따라서 아동의 관심을 끌 만한 팽이를 다양하게 준비하는 것이 중요하다. 또한 아론 벡의 인지삼제를 충분히 고려해야 한다. 치료사는 초기 진단을 통해 아동이 인지삼제 중 특히 어떤 오류에서 헤어 나오지 못하는지 파악했을 것이다. 따라서 치료사는 이 인지 오류를 조정하는 일에 집중해야 한다. 첫 번째 인지 조정이 완료되어 내담자가 더 이상 팽이 돌리기를 신기하거나 흥미롭게 여기지 않게 되면 이제 이 특별한 내담자를 가장 괴롭히는 문제와 '게임'을 시작한다.

적용 및 수정

이 활동은 특히 집단 치료에 유용하다. 갈색 종이를 더 많이 준비하도록 한다. 구성원은 각자 인지삼제의 한 가지 인지 오류에 해당하는 부정적인 생각을 한두 가지 적는다. 한 명씩 차례로 팽이를 돌리고 멈추는 곳을 확인한다. 이 기법은 가족 치료에도 효과가 있다. 여러 세대의 가족 구성원이 가지고 있는 다양한 부정적 생각들이 모습을 드러내고 수정될 수 있기 때문이다.

제7장

인지-행동 놀이치료 기술

(Cognitive-Behavioral Play Therapy Techniques)

거짓말에 구멍 뚫기
(Punching Holes in That Theory)

❶ 치료 양식: 개인/집단/가족

❶ 대상: 6~18세

❶ 치료 단계: 중기 작업 단계

❶ 치료 목표

1. 트라우마를 지닌 내담자가 가해자의 거짓말을 분명히 알 수 있도록 돕는다.
2. 잘못된 믿음인 이러한 거짓말을 내면화하게 되는 과정을 살펴본다.
3. 이러한 사고의 과정을 살펴보고 재구성한다.

❶ 준비물

–공작용 종이

–마커펜(유성펜)

–다양한 모양의 펀처

진행 방법

트라우마를 지닌 아동은 트라우마와 관련된 복잡한 믿음 체계를 가질 수 있다. 예를 들어, 신체적으로 또는 성적으로 학대당한 아동은 가해자의 거짓말로부터 기인하는 다수의 믿음을 지니게 될 수 있다. 가해자는 종종 피해자에게 비난 또는 학대의 '책임'을 전가하려고 한다. 피해자는 종종 이를 수용하며, 그로 인해 학대는 자신의 잘못 때문이라는 믿음을 내면화할 것이다.

이 활동은 학대 상황에서 생겨난 잘못된 믿음을 아동이 명백하게 인지하도록 돕는다. 물론 이 활동을 시작하기 전에 치료사와 아동 간의 신뢰와 굳건한 라포 구축은 필수이다. 만화에 등장하는 말풍선 모양으로 공작용 종이를 자른다. 먼저, 아동에게 가해자의 비난과 관련된 말을 기억해 보라고 한다. 어떻게 가해자의 말을 '진실'이라고 받아들였는지 이야기해 본다. 앞서 만든 말풍선마다 거짓된 믿음이라고 생각되는 말을 적어 보게 한다. 그런 다음 펀처를 보여 준다. 아동에게 종이에 구멍을 뚫는 방법을 보여 주고, 두세 번 연습하게 한다. 앞서 적은 거짓말을 반박할 수 있는 말을 하면 잘못된 믿음이 쓰인 말풍선에 구멍을 뚫을 수 있다고 알려 준다. 예를 들어, "그날 내가 짧은 치마를 입어 그 일이 생겼어요."라고 적었다면, 반박할 수 있는 문장으로 "그날 일어난 일에 대해 난 책임이 없어요." 또는 "많은 소녀가 짧은 치마를 입지만 다치지 않아요. 그러니 이건 이유가 될 수 없어요."라고 말하면 잘못된 믿음이 적힌 말풍선에 구멍을 뚫을 수 있다. 다양한 모양의 펀처가 있다면 반박 진술을 하느라 시간이 좀 더 걸릴 수 있다. 별, 하트, 손 그리고 다양한 모양의 펀처들을 상점에서 구입할 수 있다.

놀이가 끝날 때쯤엔 구멍이 너무 많이 생겨 적어 놓은 글을 읽을 수 없을 정도가 된다. 신체를 사용해 이 기법을 치료에 적용할 수도 있다. 아주 큰 갈색 포장지 위에 거짓말을 적고 이것을 잡아 들어 올린 후, 아동으로 하여금 '진실'을 말하면서 몸을 던져 종이를 뚫도록 한다.

진행 과정 중 가능한 질문

- 상처를 준 사람은 그 일이 일어난 이유에 대해 무엇이라고 이야기하니?
- 그 일에 너의 책임이 있다고 생각하니?
- 그렇게 생각하는 이유는 뭐니?

–마땅히 책임을 져야 하는 사람에게 비난을 되돌려줄 때 너에게 무엇이라고 말할 수 있니?

과제

트라우마와 관련된 또 다른 잘못된 믿음들이 이번 주에 생각날 수도 있다고 말해준다. 그런 일이 일어날 때 아동에게 그것을 적도록 한다. 그리고 아동은 자신의 펀처나 집에서 쓰는 연필을 사용해서 그 종이에 구멍을 뚫어 그 믿음이 틀렸음을 분명히 밝힐 수 있다.

특별 고려사항

내담자는 학대의 책임이 자신에게 있다는 생각을 떨치기 어려울 수 있다. 치료사가 이러한 생존자의 전형적인 사고과정을 잘 알고 있다면 내담자의 왜곡된 인지를 수정하도록 도울 때 유용할 것이다. 어린 아동의 경우 도움이 되는 말을 생각해 내기 어려울 수 있다. 이때 가해자에 대한 통제와 권한을 내담자가 경험할 수 있도록 기법을 수정할 수 있다. 내담자에게 가해자를 그려 보도록 권유한다. 이제 가해자의 그림에 구멍을 뚫으면서 자신을 강한 사람으로 만들어 주는 어떤 말이든지 해 보도록 한다. 예를 들어, "닥쳐." "너는 거짓말쟁이야." "난 너를 싫어해." "저리 가 버려." 등일 수 있다. 내담자가 구멍을 충분히 뚫은 상태라면 가해자의 얼굴을 알아보기 어려울 것이다.

적용 및 수정

이 기법은 트라우마를 지닌 아동으로 이루어진 집단에도 적용할 수 있다. '가해자'의 신체를 형상화한 그림을 그린 후 이를 잘라 낸다. 가해자들이 공통적으로 하는 거짓말을 떠올려 보고, 가해자를 나타내는 그림에 그 거짓말을 적도록 한다. 펀처를 이용해 차례대로 거짓말에 구멍을 뚫으면서 이에 직면하고 그 말이 거짓임을 분명히 알 수 있도록 한다.

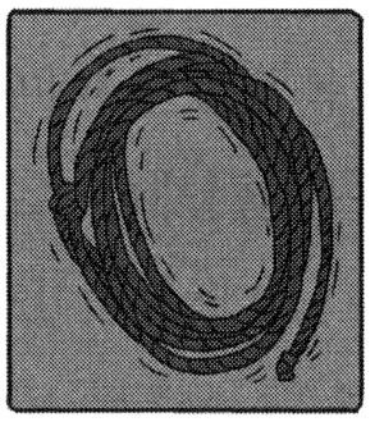

진 사람에게 올가미 밧줄 걸기 (Lasso the Loser)

치료 양식: 개인/집단/가족

대상: 3~18세

치료 단계: 중기 작업 단계

치료 목표

1. 내담자의 잘못된 믿음을 밝혀낸다.
2. 학대가 자신의 책임이라는 내담자의 잘못된 믿음을 방지한다.
3. 내담자가 가해자에게 책임을 물을 수 있도록 힘을 부여한다.
4. 가해자 제거와 관련된 운동 감각 경험을 내담자에게 제공한다.

준비물

-모래 상자

-피규어

-긴 끈 모양의 빨간색 또는 검은색 딸기 젤리

진행 방법

먼저, 비어 있는 모래 상자를 보여 준다. 아동에게 "모래에 '학대'를 보여 주는 세계를 만들어 보렴."이라고 말한다. 이는 모래 상자를 이용한 치료에서 직접적으로 지시하는 것이다. 이 활동을 하는 동안 아동이 하는 모든 말과 관련해서 직접적으로 지시하도록 한다. 아동이 비밀에 관해 이야기하려고 하면 "모래에 비밀을 표현해서 알려 줘."라고 지시하며, 그 비밀이 과거에 발생했던 나쁜 일이라고 이야기하면 "상자에 나쁜 일과 관련된 모든 사람을 놓아 보렴."이라고 지시한다. 그런 다음 내담자로 하여금 치료사에게 모래 상자를 설명하도록 한다. 어떤 아동은 "처음에 무슨 일이 일어났니? 그다음엔 무슨 일이 일어났지?"와 같은 많은 직접적인 지시를 필요로 할 수도 있다. 어떤 아동은 이 과정을 불편해할 것이며, 이런 경우에는 다음 단계를 진행한다.

다음으로 딸기 젤리가 들어 있는 상자를 보여 준다. 음식은 양육의 한 방법으로서 이 활동이 끝나면 먹을 수 있다는 점을 알려 주는 것도 동기 부여에 좋다. 딸기 젤리 한 줄을 이용해 올가미 모양으로 꼬아 보도록 한다. 그 후 모래 상자를 똑바로 쳐다보면서 "이 상자에서 진 사람은 누구일까?"라고 묻는다. 먼저, 아동은 자신을 가리킬 것이다. 책임은 모두 자신에게 있다는 잘못된 믿음을 드러내 보일 수도 있다. 잘못된 믿음에 맞서도록 한다. 아동이 모래 상자에 놓인 다른 이에게 책임을 전가할 수 있을 때까지 계속해서 잘못된 믿음에 맞서도록 한다.

아동이 준비가 되면 '올가미'를 건넨다. 이제 그 패배자를 '올가미'로 묶고 피규어를 상자 밖으로 끌어내도록 한다. 그 피규어가 없어진 모래 상자는 어떤 느낌을 주는지 이야기하도록 한다. 아동이 필요로 한다면 모래 상자에서 멀리 떨어진 놀이치료실 내의 다른 장소에 위치한 우리에 가해자를 가둬 놓거나 감금해 놓을 수 있다.

진행 과정 중 가능한 질문

–일어났던 일을 상자를 통해 보여 주겠니?
–캐릭터에 대해 묘사해 주겠니? 어떻게 느끼고 있니?
–현실에서 이 캐릭터는 어떤 모습으로 보이니?
–모래 상자에서 패배자는 누구니?
–누구를 제거하고 싶니?

-그 피규어가 없어진 모래 상자는 어떻게 느껴지니?

과제

아동이 가해자를 올가미로 휙 낚아채 가는 장면을 상상하도록 만든다. 가해자를 생각할 때 저항하기 힘든 느낌이 든다면 언제나 이 장면을 상상하도록 한다.

특별 고려사항

자기 비난을 멈추도록 만드는 것은 어렵다. 그래서 아동이 모래 상자 안의 피규어를 이야기 속의 캐릭터처럼 여기게 만드는 것이 도움이 된다. 이 방법은 아동이 객관화하여 일어난 사건과 비난의 대상을 외부인의 관점에서 바라볼 수 있도록 도와준다.

적용 및 수정

이 기법은 보호해 줄 수 있는 부모가 함께 한다면 가족 치료에서도 사용 가능하다. 내담자들은 같이 모래 상자를 만들고, 잘못된 믿음에 직면하도록 서로 도울 수 있다. 부모는 아동이 자기 비난을 어느 정도까지 내면화하고 있는지 알게 되면 놀랄 수 있다. 아동이 부모로부터 책임이 있는 사람은 아동이 아니라 가해자라는 말을 직접 듣는 것도 치료에 도움이 된다.

'물음표' 바퀴
(The Why Wheel)

치료 양식: 개인/집단/가족

대상: 6~18세

치료 단계: 중기 작업 단계

치료 목표

1. 트라우마를 초래한 사건이 발생한 이유를 자세히 열거하도록 한다.
2. 자기 비난을 야기한 원인에 맞서도록 한다.
3. 잘못된 믿음과 관련된 원인을 제거한다.

준비물

−동그라미 안에 물음표가 그려져 있는 종이

−공작용 종이 또는 포스터용 도화지(두꺼울수록 좋다)

−가위

−마커펜(유성펜)

−작은 쓰레기통

진행 방법

대부분의 트라우마 생존자들은 트라우마의 원인에 대하여 잘못 생각하고 있다. 어린 아동의 경우 특히 그렇다. 아동은 비논리적인 사고로 가득 차 있기 때문에 나쁜 일이 발생하면 종종 자신의 잘못이라는 성급한 가정을 하곤 한다. 예를 들어, 아동이 엄마에게 화가 나 있었는데 엄마가 교통사고로 다치게 되자 자신의 분노가 사고를 유발했다고 생각한다. 사춘기 이전의 소녀들은 가족의 친구에게 성적 학대를 당하면 매력적으로 보이는 행동이나 특정한 종류의 옷을 입었기 때문에 그런 일이 일어났다고 믿는다. 이러한 자기 비난, 자기 증오, 또는 기타 부정적 감정들을 피하기 위해서는 먼저 원인을 밝혀내야 한다.

먼저, 원 안에 '왜'를 의미하는 물음표가 그려진 종이를 아동에게 보여 준다. 아동에게 '물음표 바퀴'를 이용해 "나쁜 일은 '왜' 일어났을까?"라는 질문에 대한 답을 찾게 될 거라고 설명해 준다. 아동은 대부분 자르기를 좋아하고, 사춘기 청소년의 경우 이 행동을 할 때에는 치료사와 눈을 마주치지 않기 때문에 안도감을 느끼게 된다. 아동이 적어도 열 개의 '왜'를 의미하는 물음표를 종이에 그리고 잘라 내도록 돕는다. 이제 나쁜 일이 왜 일어났다고 생각하는지 아동에게 그 이유를 말하게 한다. 아동이 쓰기가 가능한 나이라면 각 물음표마다 이유를 하나씩 적어 보게 한다. 이렇게 목록을 작성하면서 물음표의 갈고리 모양 끝에 다른 물음표를 걸도록 한다. 물음표들이 길게 엮어지면 마지막 물음표를 첫 번째 물음표에 연결해 원 모양을 만든다.

이렇게 만들어진 원을 아동의 목에 걸 수도 있다. 치료사는 사건 발생의 이유와 관련된 믿음들에 대해 아동이 느꼈을 부담이 무엇인지 이야기해 본다. 그리고 물음표를 하나씩 살펴봄으로써 잘못된 믿음에서 비롯된 원인에 맞서도록 한다. 이 원인을 극복할 준비가 되었다면 아동에게 물음표를 반으로 찢어 쓰레기통에 버리도록 한다. 이러한 방법으로 아동이 자기 비난이나 잘못된 책임 전가를 초래한 요인을 극복할 수 있도록 돕는다.

진행 과정 중 가능한 질문

- 왜 나쁜 일이 일어났다고 생각하니?
- 나쁜 일이 일어났다고 생각하고 있지만 이를 소리 내어 말하기 두려워하는 이유는 무엇이니?

-나쁜 일이 일어난 또 다른 이유는 무엇이라고 생각하니? (아동이 작성했던 이유 목록에 들어 있는 모든 이유를 아동이 답할 때까지 계속 질문하도록 한다.)

과제

다음 주 동안 '왜'라는 질문에 잘못된 대답이 떠오르면 그 대답을 기억하라고 요청한다. 그리고 그 대답을 기록하게 한다. 이를 이용해 가장 문제가 되는 '왜'라는 자기 비난적 문제에 대해 다음 회기에서 이성적인 대답을 생각해 볼 수 있게 된다.

특별 고려사항

트라우마를 가진 아동의 치료에서는 가해자가 책임을 지도록 하는 것이 가장 중요하다. 그러므로 자기 비난과 관련된 인지를 자세히 살펴본 후 제거해야 한다. 이 활동의 목적은 바로 아동으로 하여금 자기 비난의 말을 인지하게 돕는 것이다. 아동이 자기 비난이 얼마나 비합리적인지 깨닫도록 돕는 것은 쉽지 않다. 그러므로 치료사는 아동이 잘못된 사고 패턴에 맞서도록 적극적으로 도와주어야 한다.

자기 비난의 말이 초래하는 부정적 영향을 상쇄하기 위하여 긍정적 말이나 인지를 지니는 것도 중요하다. 치료사는 아동이 잘못된 믿음에 맞서도록 도와야 하며, 이 경우 신뢰와 라포(rapport)가 미리 구축되어야 하기 때문에 이 기법은 치료의 중기 작업 단계에서 가장 적합하다.

적용 및 수정

이 기법은 집단에도 쉽게 수정 및 적용이 가능하다. 성적 학대나 가정 폭력의 희생자들로 이루어진 집단은 그로 인한 트라우마에 대한 반응을 표준화하고 보편화할 수 있다는 점에서 아주 중요하다. 집단에 '물음표 바퀴' 기법을 적용할 경우 구성원은 다른 구성원이 자신과 동일한 자기 비난의 요인을 가지고 있음을 알 수 있게 된다. 이 요인을 살펴보고 극복해 가면서 집단의 모든 구성원이 치료되는 효과가 생겨난다.

생각하는 모자
(Thinking Caps)

치료 양식: 개인/집단/가족

대상: 6~18세

치료 단계: 중기 작업 단계

치료 목표

1. 긍정적 자존감을 향상시킨다.
2. 부정적 자기 대화를 규명한다.
3. 긍정적 자기 대화를 도출한다.
4. 생각 멈추기 방법과 대체 전략을 연습한다.

준비물

–무늬 없는 각기 다른 색깔의 야구 모자 두 개

–다양한 색상의 마커펜(유성펜)

진행 방법

아동은 자신의 사고과정을 제어할 수 있다는 사실을 종종 이해하지 못한다. 아동은 자신의 생각이 감정과 행동에 어떤 영향을 주는지 배워야 한다. 그런데 생각은 보이지 않는다는 점이 종종 이를 더욱 어렵게 만든다. 생각은 뇌에서 만들어지며, 손가락이나 발가락과는 다르게 만질 수 없다. 사고의 과정을 '생각하는 모자'에 표현한다면 아동에 의한 사고가 드러나 구체화가 가능해진다. 이렇게 드러난 생각은 유용한 인지 구조로 처리되고 재구성되며 변형될 수 있다. 이 모자를 여러 개 구입하도록 한다. 그래서 내담자가 시리즈로 빈 모자를 사용할 수 있도록 하는 것이 유용하다(우편 주문 카탈로그를 이용한다면 싸게 대량으로 구입할 수 있다).

먼저, 모자에 마커펜(유성펜)으로 선을 그어 여러 부분으로 나누도록 한다. 아동에게 부정적인 자기 대화의 예를 말해 준다. "나는 옳은 일을 할 수 없어." "난 친구를 사귀지 못할 거야." "아무것도 변하지 않을 거야." 등이 있다. 이 중에서 자신의 사고 과정과 관련된 문장을 되풀이하도록 요청한다. 이 말에서 느껴지는 감정을 1에서 10점까지 점수를 매기도록 한다. 모자의 각 부분마다 부정적 자기 대화의 말을 적게 한다. 이때 아동은 앞에서 매긴 감정 평가 점수를 적고 싶어 할 수도 있다. 부정적 생각을 가능한 한 많이 모자에 적도록 한다. 모자의 챙에 적을 수도 있고, 모자의 안쪽에도 가능하다. 첫 번째 모자는 새롭고 긍정적인 자기 대화의 문장을 만들어 낼 때 참고할 수 있다.

아동에게 첫 번째 모자와 동일하게 구역을 나눈 두 번째 모자를 준다. 부정적인 생각을 차례대로 떠올리고 이를 대체할 말을 생각해 내도록 돕는다. 이제 대체된 말을 새로운 모자에 적은 다음 큰 소리로 말할 수 있도록 연습한다. 부정적인 생각을 평가했던 것과 마찬가지로 새로운 생각을 말하면서 느끼는 감정을 평가하도록 한다.

또한 각각의 모자에 이름을 붙이도록 한다. 한 모자에 '어두운 생각들'이라고 이름 붙인다면, 다른 모자에는 '행복한 생각들'이라고 이름 붙일 수 있을 것이다. '꽉 막힌 생각들' 또는 '새로운 생각들'이라고 이름 붙일 수도 있다. 모자와 그 모자에 적힌 생각을 다른 생각에 비해 선호하는 이유를 분명하게 설명하면서 모자의 이름을 정하도록 한다. 이제 아동은 역할극을 할 것인데, 아동의 실제 삶을 반영하는 상황을 만든다. 먼저, 첫 번째 생각하는 모자를 쓰고 그 상황에 반응하도록 한다. 그 후 두 번째 생각하는 모자로 바꿔 쓴 후 다르게 반응하도록 한다. 그저 모자만 바꿔 썼을 뿐인데 내담자는 모자에 적힌 생각대로 생각을 제어할 수 있게 된다. 내담자는 이 활동을 연습하면서 삶의 다른 부분에서도 부정적 자기 대화를 재빨리 규명하고 재구성하는 일에 능숙해질 것이다.

진행 과정 중 가능한 질문

- 네 기분을 나쁘게 만드는 생각은 어떤 것들이 있니?
- 기분을 좋게 하기 위해 너 자신에게 어떻게 말할 수 있니?
- 네가 생각하는 것을 제어하는 사람은 누구니?
- 네가 부정적인 생각을 하고 있다는 것을 어떻게 알 수 있니?
- 너의 생각을 어떻게 변화시킬 수 있겠니?

과제

부모가 함께 할 수 없다면 회기 마지막에 초대하도록 한다. 아동에게 앞의 치료와 자신의 말이 적힌 두 개의 모자에 관해 설명하게 한다. 아동이 두 개의 모자를 모두 쓸 수 있는 역할극에 부모가 참여하도록 한다. 회기 사이에 매일 적어도 한 번은 부모와 아동이 이 게임을 하도록 요청한다.

특별 고려사항

앞서 설명한 대로 이 기법을 사용하려면 아동이 읽고 쓸 줄 알아야 한다. 그러나 학령전기 아동이라면 글을 쓰는 대신 다른 방법도 가능하다. 첫 번째 모자에는 어리석다고 생각하는 자신의 모습을 그릴 수 있으며, 두 번째 모자에는 자신이 실제로는 어리석지 않고 뛰어난 사람임을 증명하는, 자전거를 타는 자신 또는 다른 활동을 하는 자신을 그릴 수 있다. 이제 아동은 첫 번째 모자를 쓰고 어리석다고 생각할 때 느끼는 감정을 보여 주기 위해 표정을 지어 본다. 그 후 두 번째 모자를 쓰고 모자 위에 그려진 활동을 할 수 있는 자신에 관해 느끼는 감정을 보여 주기 위해 표정을 지어 본다.

적용 및 수정

생각하는 모자는 다른 증상으로 인해 생겨난 부정적 자기 대화의 요인을 치료하기 위해서 쉽게 변경할 수 있다. 인지와 관련된 특정 진단법은 생각하는 모자를 사용하여 수정 및 재구성이 가능하다. 생각하는 모자는 악몽에 시달리는 아동에게도 효과가 있다. 아동은 보통 “나쁜 꿈이나 생각을 내 머릿속에서 떨쳐 버릴 수 없어.”라고 말한다. 이 경우 모자를 만들어 보는 것이 도움이 된다. 모자는 마치 아이의 뇌 주변에서 눈에서 보이지 않는 힘을 발휘하는 것처럼 보인다. 이제 치료사는 아동이 모자의 나누어진 칸을 위안이 되는 말과 생각, 묘사나 행복한 장소와 꿈의 이미지로 채우도록 돕는다. 아동과 양육자는 잠자리에 들기 전 모자에 적힌 말을 읽어 보고, 아동은 모자를 쓴 채로 잠에 든다.

장소 지우기
(Erase the Place)

치료 양식: 개인/집단/가족

대상: 4세~성인

치료 단계: 중기 작업 단계

치료 목표

1. 타인이 보내는 부정적 메시지로 인해 왜곡된 인지를 정확하게 밝혀내도록 한다.
2. 부정적인 메시지를 반박하도록 돕는다.
3. 부정적인 메시지를 제거하기 위해 운동 감각의 표현과 인지적 반론의 언어화를 함께 진행한다.

준비물

- 흰 종이
- 연필
- 다양한 지우개

진행 방법

이것은 타인이 보내는 부정적 메시지로 인하여 왜곡된 인지를 내담자가 해결하도록 돕는, 간단하지만 강력한 활동이다. 이 기법은 다양한 증상의 치료에 적용 가능하다. 자존감에 문제가 있어 치료가 필요한 내담자나 트라우마로 인한 증상을 보이는 내담자에게도 적용 가능한 기법이다. 내담자가 가해자를 구별해 낼 수 있다면 이 활동은 '가해자가 한 거짓말'의 측면에서 진행 가능하다. 예를 들어, 가해자는 아동이 나쁜 아이여서 성적 학대를 받는다고 거짓말을 했을 것이다. 내담자는 이를 그대로 받아들였고, 가해자의 거짓말로 인하여 인지가 왜곡되었을 것이다. 이 경우 가해자로부터 들은 말을 흰 종이 위에 연필로 최대한 정확하게 쓰도록 한다. 그 후 가해자의 거짓말에 대한 반론을 내담자가 원하는 대로 말하도록 한다. 예를 들어, 아동은 "나는 착한 아이예요. 나쁜 사람은 당신이에요."라고 말할 수 있다. 또는 "거짓말쟁이, 거짓말쟁이, 거짓말쟁이."라고 말할 수도 있다. 아동이 원하면 어떤 말이든지 할 수 있다.

이 활동의 목표는 인지 과정의 재훈련이 아니다. 오히려 내담자에게 부정적 이미지를 없앨 수 있는 경험을 제공하고, 이 경험을 통해 힘을 가지도록 돕기 위해 고안되었다. 이제 내담자에게 지우개를 선택하도록 한다. 치료사가 다양한 크기와 모양의 지우개를 가지고 있다면 아동은 선택하면서 더욱 재미있어 할 것이다. 아주 커다란 지우개도 가능하다. 내담자로 하여금 이전에 했던 반론의 말을 외치면서 종이 위에 쓰인 말을 지우도록 한다. 아동은 "당신은 거짓말쟁이야. 나는 당신의 말을 더 이상 듣지 않을 거야!"라고 말하면서 지우개로 종이에 쓰인 거짓말을 온 힘을 다해 지울 것이다. 이렇게 운동 감각과 관련된 활동과 언어 표현의 결합을 통해 본능적이며 인지적인 참여가 동시 발생으로 가능해진다. 거짓말의 흔적이 모두 사라질 때까지 계속해서 지우도록 아동을 격려한다. 어떤 아동은 부정적 메시지를 지우다가 종이에 구멍을 내는 경우도 있다.

진행 과정 중 가능한 질문

- 너에게 상처를 준 사람이 한 거짓말은 무엇이니?
- 다른 사람의 말로 인해 너 자신에 대해 부정적으로 느꼈던 경우가 있다면 말해 줄 수 있겠니?

-이제 그 사람에게 뭐라고 말하고 싶니?
-거짓말이나 상처가 되는 말을 지워 나가는 것은 어떤 기분이니?

과제

내담자에게 타인에게 들은 부정적 메시지를 지우는 과정은 연습이 필요하다고 설명해 준다. 또 거짓말이 생각나면 경계하라고 알려 준다. 집에서도 부정적 메시지를 쓰고 지우는 행동을 다시 하도록 권유한다. 집으로 가져갈 지우개를 선택하고, 이 활동에 사용하기 위해 계속 보관하기도 한다.

특별 고려사항

내담자가 들었던 부정적 메시지를 언어로 표현하게 하는 것이 이 활동에서 가장 어려운 부분이다. 아동은 부정적인 메시지를 들으면 그대로 받아들인다. 예를 들면, "넌 쓸모없는 아이구나."라는 부정적 메시지를 "나는 쓸모없는 아이야."로 내면화한다. 내면화된 목소리는 빠르게 커져 가고, 내담자가 이를 외현화하기는 더욱 어려워진다.

적용 및 수정

이 활동은 다양한 증상에 수정하여 적용할 수 있다. 내담자는 자신의 왜곡된 인지가 우울증, 불안 등과 연관되어 있다면 왜곡된 인지를 정확히 판별할 수 있다. 주요한 차이점은 트라우마에 시달리는 아동이 가해자의 거짓말에 반박하기 위해서 어떤 말이든지 할 수 있다면, 왜곡된 인지로 인해 고통받는 아동은 부정적인 혼잣말을 지워 나가며 말로 표현할 수 있는 이성적 대답을 만들어 낼 수 있다는 것이다.

구름 없애기
(Clearing the Clouds Away)

치료 양식: 개인/집단

대상: 7세 이상

치료 단계: 중기 작업 단계

치료 목표

1. 내담자에게 우울증 증상에 대해 알려 준다.
2. 우울증의 원인일 수도 있는 부정적 생각을 밝혀낸다.
3. 문제가 되는 인지를 재구성한다.
4. 대체할 수 있는 말을 연습한다.

준비물

–면 솜 또는 폼(거품)

–회색 스프레이 물감

–종이

–마커펜(유성펜)

–노란색 셀로판지

진행 방법

이 기법은 우울증을 진단받은 경우에 CBT 기법의 개념을 이해하고 표현하기 위해 시각적 그리고 운동 감각적인 방법을 내담자에게 알려 주는 활동이다. 많은 아동은 무의식적인 생각과 비합리적 믿음을 가지고 있지만 이것들을 분명히 표현하는 것은 어렵다. 이 활동은 사고 과정의 외현화와 재구성을 돕기 위한 것이다.

먼저, 치료사가 자신의 종이에 원을 그리는 동안 내담자에게 하얀색의 큰 종이에 커다란 원을 그리도록 한다. 이 원은 뇌를 상징한다고 알려 준다. 나이가 많으며, 특히 미술적 재능을 갖춘 아동이라면 좀 더 상세하게 그리기를 원할 수도 있다. 이제 치료사는 뇌를 나눈 다음 이 나누어진 뇌의 각 부분은 다양한 사고를 상징한다는 것을 보여 준다. 예를 들어, 치료사는 "나는 친구를 만드는 일을 참 잘해."라고 말하면서 원 안에 선을 그어 구획을 나눈다. 뇌를 나타내는 원 안에 긍정적인 혼잣말을 적고, 이 말이 자신을 얼마나 기분 '좋게' 하는지 내담자에게 말해 준다. "내가 얼마나 기분이 좋은지 1에서 10 사이의 점수로 대답하자면 이 생각은 8점이야."라고 치료사는 말할 수 있다. 그런 다음 노란색 셀로판지(활기를 북돋우는 색상의 반투명 용지도 사용 가능)를 가져다가 이 말 위에 덮도록 한다. 내담자도 긍정적인 혼잣말을 하고 같은 방식으로 행동하도록 한다. 이제 치료사는 "가끔 나의 뇌가 '너는 현명하지 않구나'라고 말하는 것 같아!"라고 말해 볼 수 있다. 이어 "그때의 점수는 2점이고, 나의 뇌 위에 마치 구름이 있는 것 같은 기분이 들어."라고 말할 수 있다. 구름은 내담자가 오기 전에 솜을 이용해 구름 모양으로 미리 만들어 놓도록 한다. '뇌'의 다른 부분에 다른 선을 하나 더 긋는다. 구름 안에 부정적인 혼잣말을 적고 구름을 종이에 붙인다. 내담자 역시 이 과정을 그대로 하도록 권유한다. 치료사는 내담자가 가능한 한 많은 구름을 만들도록 격려한다. 인지 재구성에는 여러 회기가 필요하지만 내담자가 이 과정을 자세히 밝혀내는 과정은 아주 중요하다.

구름을 '뇌'에 붙인 후 내담자에게 이 생각들이 진짜 뇌인지 아닌지 이야기하도록 한다. 여기에서 '진짜 뇌'는 구름 아래의 비어 있는 하얀색 종이를 나타낸다. 그 후 내담자와 치료사는 문제가 되는 인식(구름)을 재구성한다. 재구성된 인지나 긍정적 혼잣말을 구름 밑의 하얀색 종이에 쓰도록 한다. 결과물은 일종의 목표 차트로 활용될 수 있다. 내담자는 뇌의 재훈련을 통해 구름을 영원히 제거할 수 있다. 구름 제거는 그 아래의 긍정적인 혼잣말을 드러내는 것이다. 치료가 끝날 때쯤 전부는 아니더라도 대부분의 구름은 제거되었을 것이다. 종료 시 내담자는 부정적인 사고를 대체하는 긍정적인 말을 할 수 있도록 도와주는 시각적 도움의 일종인 이 '건강해진 뇌'를 집으로 가져갈 수 있다.

진행 과정 중 가능한 질문

- 자신을 기분 나쁘게 만드는 혼잣말은 뭐니? 1에서 10으로 점수를 매긴다면, 여기서 1은 끔찍한 기분이 들게 하는 말이고, 10은 최고의 행복감을 주는 말이야. 이 생각을 할 때 몇 점이라고 말할 수 있겠니?
- 너의 생각을 통제할 수 있니? 어떤 방식으로 통제할 수 있니? 부정적 생각 대신에 기분이 좋아지도록 도와주는 혼잣말은 뭐가 있니?

과제

내담자에게 부정적인 사고(구름)를 선택하게 하고, 그 주에 이 생각을 몇 번이나 하는지, 그리고 어떤 상황에서 이러한 생각을 하는지 알아보도록 요청한다. 이 부정적 생각을 멈추고 치료 중에 했던 새로운 생각으로 대체하는 것을 연습하도록 한다. 아주 어린 아동의 경우 치료 종료 시 집으로 가져갈 작은 크기의 구름을 만드는 것이 효과적이다. 한쪽에는 부정적인 생각을 적고, 다른 한쪽에는 긍정적인 생각을 적거나 그림을 그리도록 한다. 어린 아동의 경우 해결해야 하는 특정한 과제를 알려주는 것이 과제를 완수할 수 있는 가능성을 높여 줄 것이다.

특별 고려사항

아동기의 우울증은 다양한 형태로 나타나는데, 그 예는 다음과 같다. 내성적이거나 무관심하며 토라지는 행동, 짜증, 분노와 공격적 행동 등이다. 아동에게서 이 증상을 발견한다면 아동의 사고에서 부정성을 드러내는 패턴을 찾아내야 한다. 치료사는 부정적인 혼잣말 또는 비합리적인 믿음에 반박하기 위해 맞서는 방법을 사용할 수도 있다. 그런데 이는 내담자와의 관계가 굳건해지고 라포가 성립된 후에 가능하다. 내담자가 인지를 재구성하려면 치료사와의 관계에서 안정감을 느껴야 한다. 또한 '1에서 10까지의 점수'를 매길 때 시각적 도구가 있다면 도움이 될 것이다. 예를 들어, 치료사가 행복의 온도계를 만들고 내담자의 생각에 대해 이야기를 나눈 후 내담자는 숫자나 레벨을 가리킬 수 있다.

적용 및 수정

CBT 기법을 우울증 치료에 적용할 때, 집단에도 이 기법을 가르치는 것이 가능하다. 그러나 아동은 우울증을 유발하는 자신만의 생각과 믿음을 가지고 있으므로 개별적으로 진행하는 것이 가장 효과적이다.

제8장

애착 관계 강화를 위한 활동

(Activities to Strengthen the Attachment Relationship)

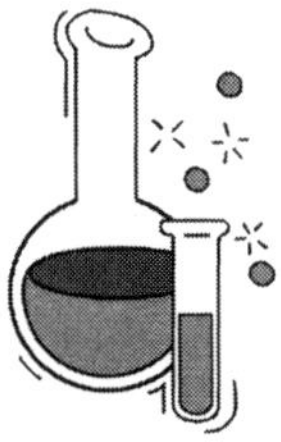

달콤한 꿈의 물약 (Sweet Dreams Lotion Potion)

❶ **치료 양식**: 가족

❶ **대상**: 3~7세

❶ **치료 단계**: 중기 작업 단계

❶ **치료 목표**

1. 내담자에게 악몽을 제어할 수 있는 힘을 부여한다.
2. 내담자를 악몽으로부터 보호하기 위한 감정을 향상시킨다.
3. 내담자의 촉각 강화를 통해 잠자리에서의 안정감을 증가시킨다.
4. 내담자의 악몽의 정도와 빈도를 감소시킨다.

❶ **준비물**

–다양한 색상과 향의 로션

–다양한 크기, 모양, 색상의 병

–반짝이

–섞을 수 있는 용기

–스푼 또는 아이스크림 막대

–막자와 막자사발

진행 방법

많은 아동이 악몽에 시달린다. 악몽 중 일부는 트라우마를 야기하는 사건을 목격하면서 생겨나고, 일부는 공포의 상징화나 감정적 경험으로 인해 생겨난다. 악몽에 대처하는 것은 아동과 부모 모두에게 힘든 일이다. 부모는 반복되는 악몽에서 아이를 구해 내지 못해 무력감에 시달린다. 일례로 다음은 5세 여아를 치료하는 과정에서 일어난 경우이다. 첫 번째 회기에서 아동은 계속해서 유령에 관한 악몽을 꾼다고 말했다. 나는 '공포스러운 장면'을 몰아내기 위한 방법을 제안했다. 이 어린 아동은 돌아서서 슬픈 얼굴로 나를 쳐다보며 한숨을 쉬며, "우리가 내 머릿속에 있는 악몽을 해결한다 해도 악몽은 내 발을 통해 들어올 거예요."라고 이야기했다. 아동은 자신의 몸 모든 곳을 통해서 악몽이 들어올 수 있다고 믿는다고 말했다. 나는 아동에게 "악몽으로부터 너의 몸 전체를 보호할 수 있는 방법을 찾아야 하는 걸로 들리는구나."라고 말했다. 아동은 격렬하게 고개를 끄덕였다. 이런 중재를 통해 아동의 문제가 드러났다.

먼저, 아동에게 로션이 가득 담긴 쟁반이나 마법의 가방을 준다. 로션은 다양한 향과 색을 가지고 있어야 하며, 다양한 크기와 모양의 용기에 담겨 있어야 한다. 그리고는 아동에게 이것은 달콤한 꿈의 물약을 만들 수 있는 로션이라고 설명한다. 이것은 마법의 로션으로서 적당한 양으로 혼합할 경우 더욱 강력한 새로운 물약을 만들 수 있으며, 아동에게 자신에게 가장 강력한 효과를 가져다줄 것으로 보이는 두세 개의 로션을 선택할 수 있다고 알려 준다. 어떤 아동은 바닐라나 크랜베리 향을 선호할 수 있다. 누군가는 유칼립투스나 생강 향을 더 강력하다고 여길 수도 있다. 아동은 가장 좋아하는 한 가지 로션을 선택한 후 그 로션을 사용할 수 있다. 아동에게 또 다른 행복하고 안전한 기억을 불러오는 로션을 선택하도록 권유한다. 로션을 선택하면 물약을 만들기 위해 원하는 양만큼 섞도록 한다. 아동은 스푼이나 아이스크림 막대 또는 다른 주방 도구를 사용해서 원래 병에서 로션을 모두 덜어 낼 수 있다. 이때 살균된 고기 쟁반이나 작은 플라스틱 컵들이 로션을 섞는 데 유용하다. 내담자가 새로운 달콤한 꿈의 물약을 담아 집으로 가져갈 수 있도록 깨끗한 일회용 용기를 준비하는 것도 중요하다. 내담자는 로션이 빛나고 마법의 물약처럼 보이도록 반짝이(글리터)나 말린 꽃잎을 넣기를 원할 수도 있다. 막자와 막자사발은 물약에 넣을 어떤 것을 빻을 때 유용하다. 이 과정이 끝나면 양육자에게 방으로 들어오도록 요청한다. 그리고 아동 앞에서 이 로션 물약이 특별한 힘을 가졌으며, 피부에 바르면 마법의 방패를 만들어서 악몽이 침투하는 것을 막아 준다고 설명한다. 이때 아이가 설명해도 괜찮다. 달콤한 꿈의 물약을 사용할 때 노래를 부르면 효과가 배가 된다고 아동에게 설명한다.

부모와 아동은 잠자리에서 함께 부를 노래를 결정한다. 부모에게는 아동에게 로션을 발라 주면서 노래를 부르라고 알려 준다. 이 활동을 통해 아동은 물약이라는 은유적인 마법의 힘을 얻게 되며, 양육자의 손길과 노래를 통해 추가로 주어지는 양육의 기쁨을 누린다.

진행 과정 중 가능한 질문

-로션은 어떤 느낌을 주니?
-로션 냄새를 맡을 때 어떤 기분이 드니?
-로션을 바를 때 부모님과 무슨 노래를 부르고 싶니?
-악몽에게 말을 할 수 있다면, 너는 뭐라고 말하고 싶니?

과제

양육자는 매일 밤 잠자리에 들기 전 아동에게 달콤한 꿈의 물약을 발라 주며 노래를 불러 준다. 동시에 매일 아동의 악몽에 대해 기록하도록 한다.

특별 고려사항

안전과 양육자의 신뢰성이 가장 중요한 고려사항이다. 어린 아동은 악몽을 현실로 인식하기 때문에 구체적인 방식으로 해결해야 한다. 로션 물약은 아동에게 있어 공포에 맞서 싸울 구체적인 방법이다. 또한 물약의 치료적 가치는 양육자가 밤마다 아동에게 물약을 발라 줄 때 좀 더 정성을 기울인다면 더욱 좋은 결과를 가져올 것이다. 예를 들어, 부모가 로션을 발라 줄 때 아동에게 관심이 집중되기 때문에 이중의 치료 효과가 생겨난다. 이 효과는 부모의 적극적인 참여로 결정되기 때문에 부모가 이 활동의 근본적인 이론을 믿을 수 있도록 특별히 신경을 쓰도록 한다

적용 및 수정

이 기법은 악몽에 시달리는 학령전기 아동과 초등학교 아동에게 해결책을 제안하기 위해 고안되었다. 그러나 비합리적인 신념과 무의식적 사고를 가진 아동에게도 적용될 수 있다. 이 경우 부모와 아동은 비합리적인 신념에 맞설 수 있는 긍정적인 말들과 인지 재구성 과정에서 도움이 될 만한 것들을 만들어 낼 수 있다. 매일 저녁 부모가 아동에게 로션을 발라 주면서 비합리적인 신념을 대체할 수 있는 긍정적인 사고를 반복해서 연습해 볼 수 있다.

아빠와 면도하기
(Shaving with Dad)

치료 양식: 가족

대상: 3세 이상

치료 단계: 중기 작업 단계

치료 목표

1. 아동이 아빠의 돌봄을 경험할 수 있도록 한다.
2. 아빠가 아동에게 전적인 관심을 쏟고 양육하도록 장려한다.
3. 아빠와 아들 간의 애착 관계에 긍정적인 영향을 주도록 한다.

준비물

–면도 크림 또는 생크림
–압설자(혀를 누르는 도구)
–플라스틱 숟가락
–길고 헐렁한 셔츠
–수건
–물이 담긴 사발
–거울

진행 방법

이 기법은 애착에 문제가 있는 가족을 위해 고안되었다. 삶에서 성공하는 것과 긍정적인 사회적 관계를 갖는 것에 대해 유년기의 애착 관계가 미치는 영향의 중요성에 관한 연구들이 제시되고 있다. 치료 중 자주 목격되는 아동의 행동 문제들은 애착과 직접적으로 관련되어 있다. 긍정적인 애착을 형성한 아동은 부모가 항상 '자기 자신을' 지지한다는 것을 믿게 된다. 아동은 부모에게 양육과 보호, 감정 상태의 반영, 위로, 교육, 기쁨의 경험을 기대한다. 미국의 독립적인 사회문화적 배경하에서 양육된 남성은 양육의 경험이 거의 없을 것이다. 그러므로 이들이 아빠가 되어 지속적인 양육이 필요한 상황에 놓일 때 문제가 생겨난다. 이 기법은 아빠와 아들 간의 관계 증진을 돕기 위해 내가 만들어 낸 여러 방법 중 하나이다. 놀이치료실에서 면도하는 법을 배우면서 아빠와 아들, 즉 남자들만의 '통과 의례' 중 하나를 경험하는 것이다. 아동이 방에 들어오기 전에 아빠에게 간단한 애착 이론이나 애착이 가족의 치료 과정에 미치는 영향 등을 설명하는 것은 아주 중요하다. 아동이 들어오면 아빠가 면도하는 것을 이전에 본 적이 있는지 물어본다. 그리고 오늘 아빠가 면도하는 방법을 가르쳐 줄 것이라고 알려 준다. 안전을 위해서 진짜 면도기를 사용하지 않고, 아이스크림 막대와 숟가락을 이용해 안전한 면도기를 만들고 면도하는 흉내를 내게 될 것이라고 설명한다.

먼저, 아빠는 얼굴에 직접 크림을 바르면서 아동에게 면도 크림을 바르는 방법을 보여 준다. 그리고 아빠는 아동에게 아빠 얼굴에 면도 크림을 발라 달라고 부탁한다. 즉, 아빠 얼굴에 면도 크림을 부드럽게 바르는 사람은 아동인 것이다. 그리고 아빠는 아이스크림 막대로 만들어진 '면도날'로 면도하는 방법을 보여 주고 아동에게 해 달라고 부탁한다. 그 다음에는 역할을 바꿔 이제 아동이 아빠에게 '면도해 달라고' 부탁한다. 아빠는 부드럽게 면도 크림을 바르면서 아이의 눈, 귀, 코 등 잘생긴 얼굴에 대해 말하도록 한다. 아동은 부모가 자신의 신체에 관심을 가진다는 사실에 뿌듯해한다. 이제 아빠는 '면도' 크림을 닦아 낸다. 아동은 면도 크림 뒤에 얼굴이 '가려져' 있는 것을 좋아한다. 아빠는 "자, 조니의 뺨은 어디 있을까? 흠……, 나는 어딘가의 밑에 너의 뺨이 붙어 있다는 것을 알지. 여기 귀에 붙어 있지."라고 말하면서 면도 크림을 닦아 낸다. 그리고 "여기 뺨이 있구나!!!"라고 말한다. 아빠에게는 면도가 끝난 부위에 뽀뽀를 하도록 한다. 이로 인해 면도 크림이 아빠의 얼굴에 묻을 수 있지만, 이는 놀이의 재미와 기쁨을 더해 줄 것이다.

진행 과정 중 가능한 질문

아빠와 아동이 함께 있는 자리에서 다음의 질문들을 차례대로 묻도록 한다.

–면도 크림을 얼굴에 바를 때 어땠니?

–아빠가 면도 크림을 닦아 주었을 때 어떤 기분이 들었니?

–아빠가 나를 돌봐 준다는 것을 믿는 것이 쉬웠니? 또는 얼마나 어려웠니?

–이 게임에서 가장 좋았던 부분은 무엇이었니?

과제

아빠와 아들은 집에서 주에 한 번씩 이 게임을 해야 한다. 엄마, 할머니, 고모, 이모, 삼촌 등 다른 양육자가 있는 자리에서 한다면 더욱 좋다. 게임을 녹화해서 나중에 아빠와 아들이 함께 보는 것도 좋은 방법이다.

특별 고려사항

이 기법에서 치료사의 역량이 필요한 부분은 새로운 개입을 시작하는 때를 아는 것이다. 친밀성 및 서로의 얼굴에 나타나는 얼굴 표정, 비언어적 의사소통을 잘 살필 때 언제 개입할지를 알 수 있다. 애착에 극심한 어려움을 겪는 가족은 이 개입이 시작되기 전에 아빠와 아들이 서로 반감을 극복할 수 있는 다른 활동을 할 필요가 있다. 이 경우 신체적 접촉을 용이하게 하는 활동이 도움이 된다. 특히 시작 전에 아빠의 문화적 고정 관념이나 사고방식들이 특별한지를 알아내야 한다. 초보 치료사는 이 게임을 적용하기 전에 실제로 신체를 접촉하는 치료에 관한 훈련과 지도를 받아야 한다. 마지막으로, 이 기법은 계속 진행 중인 성적 학대나 극심한 신체 학대로 인해 애착 관계가 무너진 아빠와 아동에게는 사용될 수 없다.

적용 및 수정

치료를 위해 방문하는 많은 가족의 경우, 아빠는 자녀의 인생에 적극적으로 관여하지 않는다. 학대로 인해 아동과의 접촉이 금지된 아빠도 있다. 그런데 이혼, 수감, 직업으로 인한 다른 지역으로의 이주, 극심한 정신 질병, 심지어 사망의 이유로 인해 생물학적 아빠가 함께 할 수 없는 경우가 있다. 이런 경우에는 삼촌, 할아버지 또는 신뢰할 수 있는 다른 남성이 자원해 게임에 참여할 수 있다. 그럼에도 참여할 사람이 존재하지 않는다면 남자 치료사가 게임에 참여할 수도 있다. 치료사는 양육자의 기능을 수행하기 전에 적절한 훈련과 지도를 받아야 한다. 또한 아동의 주 양육자의 친필 동의 서한이나 모든 과정의 녹화와 같은 특정 사항들을 주의 깊게 고려해야 한다.

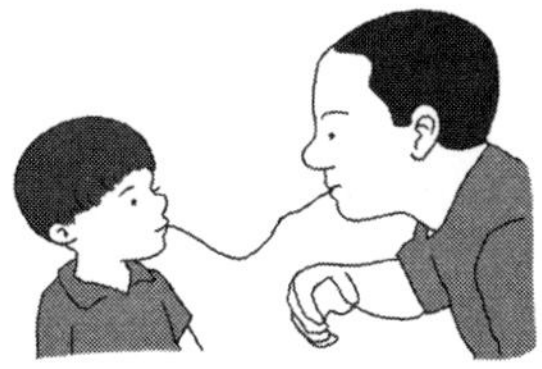

중간에서 만나기
(Meet in the Middle)

❶ 치료 양식: 집단/가족

❶ 대상: 3~18세

❶ 치료 단계: 중기 작업 단계

❶ 치료 목표

1. 내담자와 양육자에게 양육의 경험을 제공한다.
2. 내담자와 양육자에게 상호 협력의 경험을 제공한다.
3. 내담자와 양육자 간의 애착 관계에 긍정적인 영향을 주도록 한다.

❶ 준비물

- 실
- 리본
- 가느다란 줄(실리 스트링)
- 긴 끈 모양의 젤리

진행 방법

가족은 함께하는 즐거움을 느끼지 못하게 되고 나서야 치료를 받으러 온다. 이 경우 가장 중요한 치료 목표 중 한 가지는 함께 하는 즐거움의 경험을 부여하는 것이다. 가족이 함께 이 활동을 하게 되면 부모와 아이 모두의 즐거움이 증가하는데, 이는 과제를 완수하는 동안 자발적인 참여 욕구가 생겨나고 즐거움을 느낄 수 있기 때문이다. 이 활동은 여러 단계로 구성된다.

먼저, 내담자가 상호 협력하는 것이 필수지만 초반에는 과도한 친밀성을 요구하지 않으며, 마지막에 이르러서 부모와 아동 간의 굳건해진 친밀성을 요구하는 활동으로 진행되도록 한다. 아동과 부모에게 실과 리본, 작은 낚싯대, 실리 스트링 통을 포함한 준비물을 보여 준다. 이제 아동과 부모는 한 쌍이다. 사용할 첫 번째 물품을 아동이 선택하도록 한다. 놀이치료실에서 하나의 피규어(인형 또는 모래 상자의 모형)를 선택하여 그들 사이의 중간쯤 되는 바닥 위에 놓도록 한다.

이 활동의 목적은 이 피규어를 방 안의 어느 특정한 지점으로 옮기는 것이라고 설명한다. 각 구성원은 긴 끈, 실, 리본 등의 한쪽 끝을 받는다. 피규어를 실로 감는 것은 가능하지만 그 외에 피규어를 손으로 만지는 것은 허락되지 않는다. 각자 줄 끝을 잡은 채로 피규어를 옮기려면 피규어를 들어 올리기 위해 실을 팽팽하게 유지해야 하므로 손 주위에 실을 몇 번 감게 된다. 이러한 방식으로 협력의 줄다리기를 하는 것이다. 부모와 아동은 긴 실을 감아 나가면서 서로 간의 거리를 좁히기 위한 과제를 완수하게 되고, 이를 통해 서로 가까워지게 된다. 부모와 아동이 이 활동을 끝내면 축하해 준다. 두 번째 활동은 말 그대로 중간의 사람(middle man)을 제거하는 것이다. 부모와 아동은 긴 끈 모양의 젤리를 받는다. 각 구성원은 그 끝을 입에 물도록 한다. 게임의 목적은 중간에서 만나서 젤리 키스를 하는 것이다. 각자 중간에서 만날 때까지 젤리를 씹으면서 다가간다. 이 재미있는 양육 게임은 가족에게 그동안 잊고 있었던 함께 하는 즐거움을 알려 줄 것이다.

진행 과정 중 가능한 질문

- 손 대신에 실을 사용하니 기분이 어땠니?
- 함께하면서 기분은 어땠니? 함께 잘해낸 것은 무엇이니? 네가 할 수 있는 것은 무엇이었니?

–마침내 피규어를 옮기는 데 성공했을 때 기분이 어땠니?

–젤리 게임은 어땠니?

과제

부모와 아동은 다음 회기까지 매일 밤 잠들기 전에 이 게임을 해야 한다. 실, 리본, 낚싯줄 등 다양한 물건을 사용할 수 있으며, 옮길 물체의 무게와 크기 또한 변경할 수 있다.

특별 고려사항

이 게임은 수정을 통해 다양한 연령의 아동에게 적용할 수 있다. 예를 들어, 사춘기의 아동은 물체를 집고 옮기기 위해 줄을 움직이는 과정에서 협상하는 것을 좋아한다. 그러나 젤리 키스에는 '냉담한' 반응을 보일 수 있다. 더 어린 아동은 젤리 키스를 여러 번 하고 싶어 할 수 있다. 젤리 게임은 단 것과 부모의 강화된 관심이 조합된 게임이기 때문이다. 하지만 줄 조종을 위해서는 정교함이 필요한데, 아직 어리기 때문에 서툰 모습을 보인다.

적용 및 수정

이 기법은 집단에도 충분히 적용 가능하다. 아동과 부모 한 팀으로 이루어진 집단이 게임을 할 수도 있다. 사실, 집단에서 부모–아동팀 간의 적당한 경쟁은 동기를 부여하고 자극제로 작용한다. 어느 팀이 먼저 피규어를 옮기게 될까? 어느 팀이 가장 빠르게 젤리를 먹고 중간에서 만나 젤리 키스를 하게 될까? 그러나 가장 중요한 점은 모두가 즐거워야 한다는 것이다!

유아의 이야기
(The Toddler Tale)

치료 양식: 개인/집단/가족

대상: 2~6세

치료 단계: 중기 작업 단계

치료 목표

1. 부모와 아동 사이의 애착 관계의 질을 향상시킨다.
2. 부모는 내담자에게 들려줄 일관된 삶의 이야기를 준비한다.
3. 중요하게 여기는 가족의 순간을 시간 순서에 따라 배열하고 구성한다.

준비물

–아동의 몸이 '책'의 기능을 하므로 아동의 신체가 가장 중요한 준비물이다.

–큰 펜이나 마커펜(유성펜)

진행 방법

이 신나는 활동은 어린 아동과 부모가 함께하기에 아주 좋다. 애착 관계에서 한 가지 기능은 부모가 아동을 위해 이야기를 구성하는 역할을 수행하는 것이다. 사고나 끔찍한 일이 발생한 경우, 아동은 부모에게 이야기하고 싶어 한다. 아동은 부모가 과거에 발생한 무서운 일에 대한 이야기를 자신에게 해 주기를 원할 것이다. 아동은 부모가 타인에게도 그 이야기를 해 주기를 강요할 수도 있다. 실제로 나의 세 살 된 아이는 얼굴에 몇 바늘을 꿰매야 했던 사고를 당했는데, 아이는 3일 동안 나를 시켜 열한 명에게 그 이야기를 들려주도록 했다. 트라우마 사건에 관해 잘 이해시키는 부모를 둔 아동의 경우, 그 사건을 자신의 경험으로 좀 더 쉽게 통합할 수 있게 된다. 따뜻하고 행복하며 재미있는 기억들에 이 기법을 사용할 수 있다. 건강한 가족의 부모는 아동이 더 어렸을 때 저질렀던 바보 같고 귀여운 실수에 관한 이야기를 종종 들려준다. 아동은 이야기에 관심 없는 척하지만 사실은 자신이 일조했던 가족의 기억에 행복해하며 활짝 웃을 것이다. 이를 통해 아동은 자신이 가족 정체성의 주요 부분이라는 점을 이해하게 된다.

이 활동은 부모와 아동 간의 신체적 접촉을 증가시키는 동시에 일관된 이야기 구성에 유용하다. 먼저, 부모에게 아동과 함께했던 따뜻하고 재미있는 기억을 정확하게 이야기해 달라고 요청한다. 아동에게 바닥에 누우라고 요청한다. 아동은 왼쪽으로 누워 양팔을 몸 옆에 놓는다. 부모는 아동의 몸을 책이라고 여기고 팔은 페이지라고 여긴다. 부모는 '빌리가 접착제를 먹은 날'이라는 책 제목을 읽는다. 이때 부모의 이름을 책의 저자로 한다. 부모는 아동의 몸 위의 팔을 옮기면서 책장을 연다. 이로 인해 아동은 바닥에 등을 대고 팔을 벌린 채로 누워 있는 자세가 된다. 부모는 아이의 왼팔을 옮기며 이야기를 '읽는다.' 예를 들어, "옛날에 빌리 베이츠가 그림을 그리면서 주방 테이블에 앉아 있었어요. 빌리의 엄마는 저녁을 준비하고 계셨죠."라고 말할 수 있다. 아동의 팔은 페이지가 넘어가면서 앞뒤로 움직이게 된다. 마지막 페이지를 넘기면 아동은 처음과 다른 쪽을 향하고 있으며, 팔은 하나로 합쳐진 상태로 부모는 '끝'이라고 말한다.

어린 아동은 이 놀이를 아주 좋아한다. 이야기를 듣는 것과 자신이 책인 척 연기하는 것을 좋아하는 것이다. 자신의 신체에 관해 부모가 관심을 가지는 것도 좋아한다. 재미있는 기억을 이러한 방식으로 다룬 후 치료사는 좀 더 어려운 기억으로 나아갈 수 있다. 치료에서 많은 '책'이 이러한 방식으로 쓰일 수 있다. 아동은 부모와 역할을 바꿔 자신만의 이야기를 '읽고자' 할 수 있다.

진행 과정 중 가능한 질문

- 책이 되는 건 기분이 어떠니?
- 이야기에서 기억나는 부분을 말해 주겠니?
- 이야기의 가장 재미있는 부분은 무엇이니? 가장 바보 같은 부분은 무엇이니? 가장 무서운 부분은 무엇이니?
- 다른 기억에 관한 이야기를 들려줄 수 있니?

과제

부모와 아동은 잠자리에서 이 게임을 하도록 한다. 부모는 아동과 함께 한 날 발생한 사건에 대해 '책을 읽도록' 한다.

특별 고려사항

많은 부모들, 특히 스스로 트라우마를 경험한 부모의 경우 이 놀이를 하기 전에 일관된 이야기를 만들어 내기 위한 개인적 노력이 필요하다. 치료사는 부모의 즐겁고 힘든 기억 모두 아동에게 일관되게 도움이 된다는 점을 분명히 하기 위해 미리 부모와 만나 연습을 하는 것도 가능하다.

적용 및 수정

이 활동은 어린 아동이 있는 가족이 트라우마를 유발하는 기억을 다룰 때 유용하기도 하지만, 가족 간의 재결합을 위한 도구로도 사용 가능하다. 약물 중독 치료 및 수감, 일시적 구금으로 부모와 아동이 떨어져 살고 있는 경우, 이 기법은 부모와 아동이 분리되기 전에 존재했던 애착 관계에 집중할 수 있게 도와준다.

파우더로 손바닥 지문 찍기 (Powder Prints)

❶ 치료 양식: 가족/한 쌍

❶ 대상: 3세~성인

❶ 치료 단계: 중기 작업 단계

❶ 치료 목표

1. 아동과 양육자에게 긍정적인 보살핌의 경험을 제공한다.
2. 아동과 양육자 사이의 공감을 강화한다.
3. 부모와 양육자 사이의 차이를 알게 한다.

❶ 준비물

–베이비파우더

–공작용 종이

–유성 마커펜

진행 방법

내담자와 양육자 간에 대화가 부족하면 근본적인 애착 관계에 문제가 생길 수 있다. 이 활동은 부모와 아동이 함께 양육 활동에 참가하는 재미있는 놀이이다. 한 걸음 더 나아가 아동과 양육자가 서로의 닮은 점과 다른 점을 살펴보게 하는 것이다.

엄마와 딸의 예를 살펴보자. 먼저, 엄마가 딸의 손에 베이비 파우더를 뿌린다. 그리고 베이비 파우더로 손을 쓰다듬는다. 베이비 파우더를 가득 뿌려 손금이 잘 보이지 않도록 한다. 엄마에게 딸의 손에서 찾을 수 있는 만큼 모양과 글자를 찾아보라고 요청한다. 엄마는 발견할 때마다 "H를 발견했네. 봐봐, 중앙으로 바로 연결된다."라는 식으로 말한다. 발견한 것을 공작용 종이 가장자리에 적는다. 엄마가 찾을 수 있는 모든 숫자와 글자를 찾고 나면 딸은 엄마와 자리를 바꾼다. 이제 딸이 엄마의 손에 베이비파우더를 뿌리고 앞의 과정을 되풀이한다. 딸은 다른 모양과 글자를 찾아내는 만큼 엄마가 찾아낸 것들과 같은 모양과 글자를 찾아낼 것이다. 이는 엄마와 딸이 서로의 유사점과 차이점을 수용하도록 도와주는 중요한 출발점이다. 서로의 손에 파우더를 조금 더 뿌리게 한다. 각자 손을 어두운 색상의 공작용 종이에 올리고 손바닥 지문을 찍는다. 한 손의 손가락에는 유사점을 적는다. 예를 들어, "우리는 모두 금발이에요." "우리는 피자를 좋아해요." "우리는 뱀을 무서워해요." 등이 될 수 있다. 다른 손의 손가락에는 차이점을 적는다. "나는 자전거 타기를 즐겨 하고, 엄마는 테니스를 좋아해요." 또는 "아이는 낯을 가리지만 난 아니에요." 등을 적을 수 있다.

진행 과정 중 가능한 질문

- 부모님의 손에서 본 것들은 어떤 모양이니?
- 둘이 발견한 같은 모양은 무엇이니? 다른 모양은 무엇이니?
- 엄마와 어떤 점이 닮았니?
- 엄마와 어떤 점이 다르니?
- 엄마에게 닮고 싶은 점은 무엇이니? 엄마와 달라서 좋은 점은 무엇이니?

과제

회기 사이에 엄마와 딸에게 차이점을 인식하도록 하기 위하여 한 가지씩 말하도록 요청한다. 엄마는 "피아노 수업을 열심히 해서 자랑스럽구나."라고 말할 수 있다. 어린 아동의 경우 "책을 읽어 주어서 고마워요."라고 말할 수 있을 것이다. 다음 회기에 내담자들은 그들의 유사점과 차이점에 대해 새롭게 인식하게 된 것들을 대상으로 이야기해 보도록 한다.

특별 고려사항

이 활동에서 양육과 관련된 부분은 아주 어린 아동에게도 재미있고 유익하다. 학령전기 아동의 경우 손으로 유사점과 차이점들을 쓰는 것으로 관심사가 옮겨 가면서 빠르게 흥미를 잃게 될 수도 있다. 치료사는 아동이 생각을 적는 일에 적극적으로 관여할 수도 있고, 아동에게 엄마와의 유사점과 차이점을 그리도록 권유할 수도 있다.

적용 및 수정

이 활동은 트라우마를 가진 아동 또는 특히 학대하는 엄마나 아빠를 둔 아동에게 효과적이다. 가정 폭력을 겪은 남자 초등학생은 폭력 행위를 목격하면서 아빠와 자신을 동일시하기 시작한다. 그러나 이 활동은 자신의 정체성으로 통합하고 싶지 않은 아빠의 성격을 거부하면서 아빠와 달라지기를 선택한 아동에게 올바른 선택임을 알려 준다.

"너는 별이란다!!" 게시판
("You're a Star!!" Boards)

치료 양식: 가족/집단

대상: 4세~성인

치료 단계: 초기/중기 작업/종결 단계

치료 목표

1. 가족 구성원이 행동 수정 도구를 통하여 긍정적 강화를 갖추게 한다.
2. 가족 또는 집단 구성원 간에 칭찬을 많이 하도록 한다.
3. 부정적인 행동으로 관심을 끄는 것을 지양하게 한다.
4. 지지와 격려를 목표로 가족 문화를 재구축하도록 한다.

준비물

–놀이용 점토

–별 모양 쿠키 틀

–별 모양 스티커

–별 모양 공책

진행 방법

가족 치료는 어렵다. 특히 새로운 가족과 함께 하는 처음 몇 번의 회기는 더욱 힘들다. 가족이 치료를 위해 방문할 때 가족의 구성원들은 보통 서로에게 환멸을 느끼고 있다. 그들 사이에 자연스러운 긍정적 감정은 거의 존재하지 않고, 보살핌을 주고받은 경험 또한 거의 없다. 가족 치료의 목표는 가족의 분위기 또는 '문화'를 바꾸는 것이다.

먼저, 점토와 별 모양 쿠키 틀을 테이블에 놓는다. 가족에게 점토를 가지고 다른 색상과 크기의 별 모양으로 만들도록 한다. 그리고 이러한 활동을 하면서 자신이 좋아하는 행동에 관심을 기울이는 연습을 해야 한다고 말해 준다. 가족 전체에 도움이 되는 서로 간에 할 수 있는 말에 대해 생각해 보도록 한다. 예를 들어, "우리를 위해 저녁을 준비해 줘 고마워요." "잠잘 때 나를 편안하게 해 줘서 좋아요." 등과 같은 간단한 말도 가능하다. 이는 가족 활동을 위한 안전한 출발점이다. 치료사는 가족과 관련된 부정적 말이나 문제를 나중에 다룬다는 점을 분명히 밝히고, 지금은 상대방에게 한 가지를 칭찬해 주는 시간이라고 말한다.

이제 가족 구성원들은 서로를 위한 별을 만든다. 점토로 별을 만들고 난 후 내담자는 별에 칭찬의 말 또는 그림을 조각해 넣거나 별을 받을 사람에게 직접 말할 수 있다. 이 활동을 마친 후 가족에게 이해받는 기분이 어떤지 이야기하도록 한다. 가족에게 이 '칭찬의 분위기'가 치료의 일부가 될 것이라고 설명한다. 내담자 각자에게 별 모양 스티커를 준다. 가족이 문제의 해결책을 찾아내기 위해 노력할수록 별이 더욱 중요해진다는 점을 설명한다. 내담자가 놀이치료실에서 긍정적인 대화의 기술을 연습하거나 긍정적 행동에 참여할 때 다른 가족 구성원이 다가가 별 모양의 스티커를 줄 수 있다. 이 스티커는 행동이나 대화의 흐름을 방해하지 않는 비언어적인 칭찬의 역할을 수행하는 것이다.

진행 과정 중 가능한 질문

- 가족 구성원 각자를 위한 긍정적 행동에 관해 생각하는 것은 얼마나 어려운가요? 또는 얼마나 쉬운가요? 이유는 무엇인가요?
- 자신이 감사했던 행동에 대해 다른 구성원에게 이야기했을 때 그들의 반응은 어땠나요?

–다른 가족으로부터 듣고 싶은 말은 무엇인가요?

과제

가족에게 별 모양의 공책 한 권을 준다. '별 게시판'을 부착할 자리를 결정하도록 하고, 가족 중 한 명이 도움이 되는 행동을 하면 언제나 나머지 가족이 그 행동을 묘사하는 별을 만들어 별 게시판에 붙여야 한다고 설명한다. 모든 별은 축하하기 위해 매주 방문 시 가져오도록 한다.

특별 고려사항

치료를 위해 방문했을 때 가족은 부정적 행위에만 집중하기 때문에 과거의 부정적 행위를 암시하는 단어를 사용하여 칭찬의 문장을 만들어 내는 경향이 있었다. 예를 들어, "몇 주간 잔소리를 했더니 드디어 방을 치웠어."라고 말하는 식이다. 치료사가 해야 할 일은 이러한 문장의 구성을 파악하고 진실된 칭찬의 말이 될 때까지 다시 하도록 돕는 것이다.

적용 및 수정

이 기법은 집단 환경에서 서로를 격려하는 문화를 만드는 데도 유용하다. 그러나 이 활동은 이후에 집단 구성원이 모두 같은 경험을 할 때 사용되는 것이 좋다. 집단의 공간에 '별 게시판'을 설치할 수 있다. 또한 모일 때마다 몇 분 동안 집단 구성원에 대한 칭찬의 말을 적고 이를 공유할 수도 있다.

제9장

종결 활동: 안녕이라고 말하기

(Termination Activities: Saying Goodbye)

붕대 감기
(Bandage Banners)

치료 양식: 개인

대상: 4~15세

치료 단계: 시작/종결 단계

치료 목표

1. 트라우마에 의한 내담자의 상처를 확인한다.
2. 이 상처를 치료하는 목적을 설정한다.
3. 트라우마에 관한 내담자의 대처 감각을 향상시킨다.
4. 치료 과정에서 내담자가 성취한 것을 축하한다.

준비물

–화장지

–붕대

–천으로 된 흰 끈

–마커펜(유성펜)

–옷 장식 또는 장식 공예품

–큰 인형 또는 미라 인형(그림 참조)

진행 방법

치료를 위해 방문한 내담자에게는 종종 트라우마로 받은 심리적 상처의 정도를 탐구하기 위한 안전한 장소가 필요하다. 아동은 유사한 어려움을 가진 다른 인물(캐릭터)을 찾아내면 자신에게 있었던 일을 말하게 되는 경향이 있다. 나의 놀이치료실에서 이러한 확인 상징물은 '미이라 마이클'이다(p. 204 참조).

마이클은 속이 꽉 차 있는 커다란 봉제인형이고, 겉은 헝겊 끈으로 감겨 있다. 천으로 된 끈으로 감겨 있는, 아동 크기만 한 인형도 사용할 수 있다. 아동이 들어올 때 이 인형이나 미이라 인형을 눈에 잘 띄는 곳에 둔다. 아동에게 인형을 소개하고 그 인형이 상처가 많아 상처가 치료되는 동안 천에 싸여 있다고 설명한다. 아동에게 인형이 어떻게 해서 아프게 되었는지 상상하도록 할 수도 있지만, 치료사가 아동 자신의 상처를 반영하는 미이라의 상처에 관한 이야기를 만들어 들려주는 것이 더욱 효과적이다. 예를 들어, 치료사가 "마이클의 엄마와 아빠가 자주 싸웠어. 크게 소리 지르고 싸우는 바람에 마이클의 귀가 아프게 되었고, 그래서 치료를 위해 우리가 붕대를 감아 줬어. 이제 우리가 그 붕대를 떼어 내면 그의 귀가 나을 거야."라고 말해 줄 수 있다. 그러면 아동은 자연스럽게 가정 폭력으로 인한 자신의 상처에 대해 말하기 시작한다. 만일 그렇지 않다면 천으로 된 끈과 붕대가 들어 있는 바구니를 꺼내서 아동을 감싸 주겠다고 제안한다.

일단 이에 수긍하면 트라우마를 겪는 많은 아동은 자신의 신체가 치료되는 과정을 통해 즐거움을 느낀다. 아동들은 종종 보이지 않는 상처를 위해 반창고를 달라고도 한다. 이제 이 비유를 한 단계 더 발달시킬 수 있다. 치료사는 나쁜 사람이 아동의 팔을 어떻게 아프게 했는지 그 과정을 재연하도록 유도하면서 팔 하나를 붕대로 감아 준다. 아마도 아동은 그 일 때문에 지금까지도 악몽을 꿀 것이다.

치료사는 상처를 존중하는 의미로 아동의 머리를 붕대로 감아 줄 수도 있다. 그러고 나서 치료사나 아동은 붕대에 악몽을 줄여 주는 것과 관련된 치료 목적을 간단하게 써 놓는다. 이 붕대들은 목표들을 다시 의논하면서 치료 과정 전반에 걸쳐 계속 사용될 것이다. 종료 과정 중 많은 목표를 달성하게 되면 아동은 깃발로 쓰일 깨끗한 붕대를 고른다. 그런 다음 아동은 그 붕대에 문제해결 방법, 긍정적 자기 대화 및 치료 주문을 적고 붕대를 장식한다. 이 마지막 회기를 진행하는 동안 치료사와 아동이 붕대를 벽에다 장식용 주름종이처럼 붙여 놓으면 치료 과정을 마친 것을 축하하는 파티 장식처럼 보일 수 있다.

치료 과정 중 가능한 질문

–너에게 어떤 일이 있었기에 몸이 아프게 되었니? 마음은 얼마나 아팠니? 지금 기분은 어떠니? 사람들과의 관계는 어떠니? 너 자신을 어떻게 바라보니?
–상처를 어떻게 하고 싶니?
–회복된 네 자신을 상상해 봐. 어떻게 보이니?
–네가 기분이 좋아지도록 우리가 어떻게 도울 수 있겠니?
–여기서 알게 된 것 중에 종결 후에 집에 가져가고 싶은 것은 무엇이니?

과제

아동에게 붕대는 모두 놀이치료실에 두고 가도 좋다고 말해 준다. 이렇게 말하는 것은 아동에게 상처를 항상 지니고 있지 않아도 된다는 메시지를 전달하는 것이다. 치료사는 아동의 상처를 놀이치료실에 남겨 둘 것이다. 이것은 아동에게 심리적 봉쇄 장치의 역할을 한다. 아동에게 일주일 동안 어떤 상처를 먼저 치료하고 싶은지 생각하도록 한다.

다음 주에는 지난번에 감았던 끈들을 풀어낸 후 하나를 고르게 한다. 그리고 새로운 긴 천에 이 상처와 관련된 치료 목적을 적는다. 그리고 아동은 치료 활동을 하는 동안 이 천을 몸에 감고 있어도 된다. 선택된 치료 목적에 따른 세부적인 개입을 시작할 수 있다. 치료가 끝나면 오늘의 치료 성과를 기억할 수 있게 새로 장식된 끈을 집에 가져가서 아동의 방에 걸어 두게 한다.

특별 고려사항

모든 아동이 트라우마 발생 사건의 재연에 참여할 필요는 없다. 만일 아동이 기능적으로 양호한 상태라면 이 아동은 고립, 스트레스 감소, 기술 구축과 관련된 치료가 필요하다. 이 경우 치료사는 치료 활동의 첫 번째 단계를 생략할 수 있다. 다시 말해 처음부터 아동의 상처를 확인하는 데 시간을 쓰지 않고 치료 목적을 표시하는 깃발을 만드는 것부터 시작할 수 있다. 그 다음은 다른 치료 방식과 동일하다.

적용 및 수정

이 기법은 집단 과정에 잘 맞을 수 있다. 예를 들어, 성적 학대를 경험한 집단에서 집단 구성원들은 각자가 학대당했던 상황을 붕대로 표현할 수 있을 것이다. 집단이 하나가 되어 개별 구성원이 상처와 관련된 치료 목적을 만들어 내도록 도울 수 있다. 집단 과정의 마지막에는 각자가 집에 가져갈 성취 깃발을 만들 수 있게 된다. 이러한 집단 형식의 활동에 추가할 수 있는 한 가지 방법은 각 구성원의 깃발에 다른 구성원들이 격려의 표시로 글과 그림 등을 붙여 주는 것이다. 구성원들로 하여금 깃발을 집에 가져가게 하고, 나중에 이 깃발을 보고 자신들이 함께 이루어 냈던 일들과 집단 구성원 간에 주고받았던 지지를 떠올릴 수 있다.

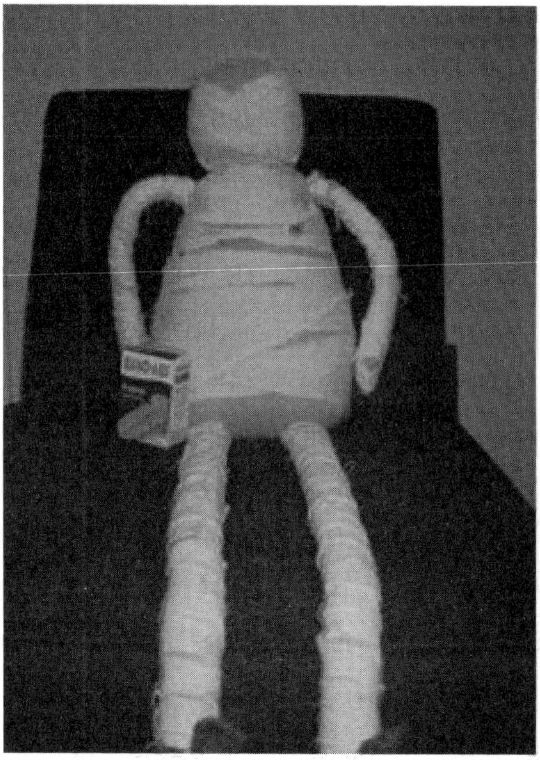

달력 콜라주
(Calendar Collage)

- **치료 양식**: 개별/집단/가족
- **대상**: 4~18세
- **치료 단계**: 종결 단계

치료 목표

1. 내담자를 위한 종결 과정을 구축한다.
2. 치료의 전 과정을 통해 의미 있는 상황/순간을 되돌아본다.
3. 치료 경험을 떠올릴 수 있도록 내담자가 기억할 수 있는 분명한 치료 기억을 만든다.

준비물

- 포스터용 종이/공작용 종이
- 잡지
- 가위
- 풀

진행 방법

아동과 청소년을 위한 치료 과정에서 중요한 부분은 의미 있는 방식으로 작별인사를 하는 것이다. 의미 있는 작별인사를 하는 과정은 치료의 아주 중요한 부분이다. 그런데 역설적이게도 이 부분이 아동 치료 과정에서 가장 어려운 부분이 되기도 한다. 종종 역전이(counter-transference) 문제가 발생하기 때문에 오히려 치료사가 작별 과정을 완수하는 데 곤란을 겪기도 한다. 이 기법은 치료사와 아동 모두가 치료 과정을 존중하도록 도와준다. 치료사는 아동에게 4주 후에 치료 과정이 모두 끝난다는 것을 미리 알려 주어야 한다. 최상의 시나리오는 치료 과정을 마치는 것이 졸업처럼 그 과정에서 성취한 것을 축하하는 일이 되는 것이다. 아동 또는 치료사가 이사를 하거나 아동이 다른 지역에 살게 되는 등의 일로 인해 종결이 발생하더라도 적어도 4주의 치료 과정은 필요하다. 회기 사이에 총 네 번의 치료를 추가할 수도 있다. 이 경우에는 달력 콜라주 기법이 종결 과정의 중요한 부분으로 추가될 수 있다.

먼저, 아동에게 달력을 만들어 마지막 작별을 고할 때까지 남은 날짜와 요일을 정확하게 적도록 한다. 그런 다음 아동에게 잡지를 살펴보게 하고, 치료 과정, 치료사 또는 치료 과정 중의 자신을 생각나게 하는 그림을 잡지에서 오리도록 한다. 그러면 아동은 자신이 치료사의 사무실에서 울었듯이 우는 아동의 사진을 잘라 낼 수도 있고, 치료 과정에서 준비물로 사용했던 농구공 사진을 오려 낼 수도 있다. 치료사 또한 자유롭게 잡지를 살펴본 다음 콜라주 완성을 위해 필요한 사진을 오려 낸다. 최종 네 번의 방문 때마다 아동은 일곱 장의 사진을 골라서 달력의 지나간 날들에 풀로 붙인다. 이 과정은 두 가지 목적을 지닌다. 하나는 아동이 치료 과정을 시각적으로 기억하면서 즐기도록 하는 것이고, 다른 하나는 치료가 끝나는 날을 계산할 수 있도록 도와주는 것이다.

진행 과정 중 가능한 질문

- 잡지의 어떤 사진이 끌리니?
- 그 사진이 우리가 함께 하는 시간에 대해 어떤 생각을 나게 해 주니?
- 달력에 붙인 사진들을 보면 기분이 어떠니?

과제

아동에게 집에 가서 잡지를 보고 달력에 붙이고 싶은 것이 있으면 가져오도록 한다. 아동은 기억과 일치하는 사진을 찾지 못할 수도 있다. 이 경우 콜라주에 추가할 그림을 아동 스스로 그려 오도록 숙제를 내 줄 수 있다.

특별 고려사항

아동이나 치료사 모두 치료 과정이 끝날 때 '장밋빛 유리'로 치료 과정을 비춰 보고 싶은 유혹에 빠질 수 있다. 아동은 치료 과정에서의 재미있고 따뜻하고 성공적인 것을 나타내는 사진만 택할 수 있다. 치료사는 둘 사이의 어려운 시간들, 갈등 또는 대립 관계를 아동이 기억하게끔 이러한 내용을 담은 사진을 택할 수 있다. 그저 '따사로운 것'에만 집중하는 것이 아니라 치료 과정 전부를 되돌아보는 작별이 보다 큰 의미를 가지기 때문이다.

적용 및 수정

이 기법은 집단 치료 종결에서 특히 효과적이다. 집단에 속한 모든 아동이 사진을 오려서 서로의 기억을 함께 공유할 수 있다. 집단의 구성원들은 각자가 남들과 다른 특별한 기억을 갖고 있을 것이다. 이런 기억들을 공유하면서 치료 과정의 이야기들이 보다 풍부해진다. 집단 전체의 달력을 만들 수도 있고, 개인의 달력을 만들 수도 있다.

졸업복
(Graduation Gear)

치료 양식: 개인/집단/가족

대상: 3~18세

치료 단계: 종결 단계

치료 목표

1. 치료 과정에서 만든 성취물을 내담자가 다시 돌아보게 한다.
2. 내담자의 노력을 존중해 준다.
3. 치료 과정에서 내담자가 성취한 것을 축하한다.
4. 내담자의 치료사가 작별하는 과정을 표시한다.

준비물

–펠트 조각(모직 천)

–가위

–털실

–풀

–졸업 가운

–졸업장

–카메라

진행 방법

치료사는 아동의 치료 과정 시작부터 성공적으로 치료를 완수한다는 목적을 항상 염두에 두어야 한다. 치료사의 역할은 아동의 관계, 반응 등을 통해 자신이 만들게 되는 변화를 미리 볼 수 있도록 돕는 것이다. 비록 치료가 계획보다 일찍 끝났다 하더라도 종결의 지점에 아동이 노력한 것을 존중하는 의미의 졸업 행사는 있어야 한다. 아동은 치료 과정을 '졸업'하는 것에 대하여 특히 자랑스럽게 여긴다. 졸업 과정은 치료 과정에서 배운 것, 여러 측면에서 아동의 성장, 그리고 미래 성장을 위한 목표를 되돌아보게 하는 특별한 방법이다. 졸업식에서 '차려입는 것'은 재미있기도 하고, 아동이 마지막 인사를 준비하게끔 정서적으로 도와준다.

졸업식을 위한 졸업 모자를 만드는 데 아동이 참여하도록 한다. 여러 색깔의 펠트 조각을 보여 주며, 아동에게 고르게 한다. 모자가 옅은 색깔일수록 모자에 글씨를 적기가 좋다. 정사각형으로 잘라서 모자의 평평한 뚜껑을 만들고, 기다란 직사각형으로 모자의 테두리를 만든다. 모자의 테두리에 치료 과정에서 다루고자 했던 목적을 써 주거나 아동이 쓰도록 한다. 정사각형 밑에는 아동에게 그동안 했던 게임, 알게 된 개념, 가벼워진 증세 등을 적도록 한다. 끝으로, 사각형 위에는 아동이 자신의 긍정적인 면을 적도록 한다. 그 문구는 아마도 '나는 살아남았다.' '나는 결코 포기하지 않는다.' 또는 '나는 나 스스로를 통제할 수 있다.' 등일 것이다. 그런 다음 모자 테두리를 정사각형 뚜껑에 풀이나 테이프 또는 스테이플러를 이용해 붙인다. 그러는 동안 치료사는 털실로 졸업 모자에 다는 술(tassle)을 만든다. 각각의 털실은 치료 과정 중에 치료사가 알아차린 내담자의 긍정적인 자질이나 성장 부분을 뜻한다. 치료사는 아동과 함께 이들에 관해 이야기하면서 술을 달아 준다.

또한 치료사는 진짜처럼 보이는 졸업장을 만드는데, 그 내용은 '이 증서는 제인 스미스가 놀이치료 과정을 마쳤음을 인증함. 2005년 6월 17일.'과 같다. 그런 다음 양육자와 함께 아동과 치료사가 증서에 서명한다. 마지막으로, 아동은 모자를 쓰고 가운을 입는다. 치료사는 아동이 이룬 성취에 대해 공식 연설을 한다. 모든 양육자가 이 졸업식에 참석하도록 한다. 양육자는 치료 과정 동안 자신들이 목격한 아동의 변화를 묘사하는 편지를 쓴다. 이 편지를 졸업식에서 아동에게 읽어 준다. 만일 아동이 졸업복을 입고 사진을 찍고 싶어 하면 양육자의 서면 허락을 받아 치료사가 사진을 찍어 아동에게 기념품으로 줄 수 있다.

치료 과정 중 가능한 질문

- 우리가 함께 했던 일들의 목적은 무엇이었니?
- 치료 과정에서 네가 제일 좋아했던 게임이나 활동 또는 기억나는 것은 어떤 거니?
- 놀이치료실에서 배운 것들은 뭐니?
- 치료가 끝난 후에도 계속하고 싶은 것이 있니?
- 치료와 관련해서 스스로 자랑스럽게 여기는 것은 어떤 거니?
- 치료 과정을 졸업하는 기분은 어떠니?

과제

이 활동은 치료 과정 중 마지막 회기나 종결 전 두 회기에 걸쳐 끝나기 때문에 숙제는 없다. 아동에게 졸업 모자와 졸업장을 잘 보이는 곳에 두고, 치료 과정에서 얻어낸 이 성취를 떠올릴 수 있도록 한다.

특별 고려사항

아주 어린 아동의 경우에는 그들의 성장 초점이 '지금-여기'에 맞추어져 있기 때문에 치료 과정을 되돌아보는 것이 어려울 수도 있다. 이 경우 치료 목적과 이루어야 할 성취를 설명하는 것은 치료사와 보호자의 몫이다. 이 아동들을 위해서는 활기찬 방식으로 축하해 주도록 한다. 아동은 이 방법을 통해 자기 자신이 이룬 성공의 감각을 느낄 수 있게 된다.

적용 및 수정

이 기법은 가족 단위나 집단 환경에서 더욱 특별하다. 가족 중 한 명이 자신의 졸업 모자를 만들면 다른 가족들은 졸업 모자의 사각 뚜껑에 성장에 관한 긍정적인 말들을 쓴다. 집단 치료 과정에서 아동들은 다른 구성원의 모자에 긍정적인 문구를 적어 줄 수 있다. 이러한 방법으로 아동은 스스로의 성취 기록을 간직할 수 있을 뿐 아니라 그 여정에 함께 했던 다른 아동들로부터 그 성취를 인정받게 된다.

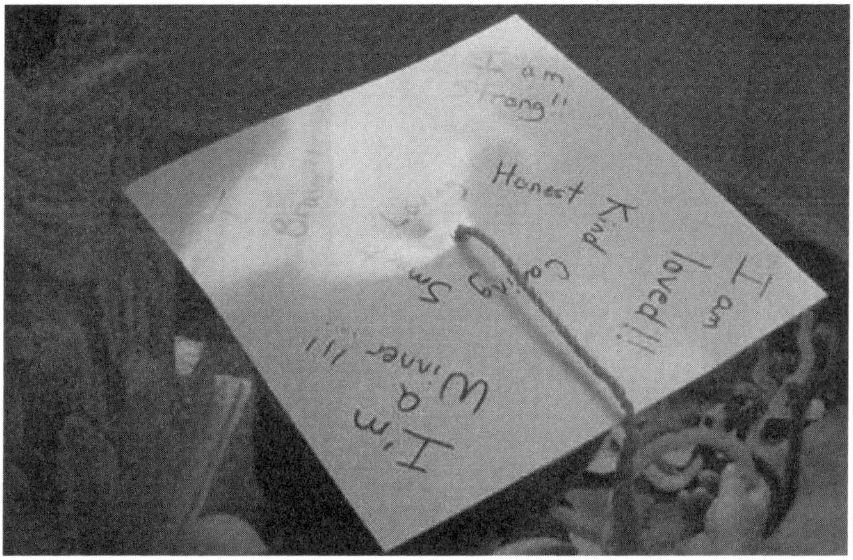
Honest
Kind
I am loved!!
I'm a Winner!!!

등을 두드려 주며 격려하기 (Pat on the Back)

❶ 치료 양식: 집단/가족

❶ 대상: 4세~성인

❶ 치료 단계: 종결 단계

❶ 치료 목표

1. 내담자가 치료 과정에서 이룬 것을 다시 돌아보게끔 도와준다.
2. 집단에 속한 내담자들이 서로를 도와주도록 이타주의를 활용한다.
3. 치료 과정에서 내담자들이 성취한 것을 축하한다.

❶ 준비물

–공작용 종이
–또는 펠트 조각(모직 천)
–마커펜(유성펜)
–가위
–마스킹 테이프

진행 방법

어떤 일을 잘 해내면 보통 등을 두드려 격려해 준다. 아동은 치료 과정을 마칠 때쯤 치료 과정에서 성취한 것에 대해 의심을 품는다. 아동은 대개 자신의 치료 목표를 낮추어 생각하거나 최소한으로 줄여 생각한다. 때로는 치료 과정이 끝나 갈 때쯤이면 치료사와의 관계를 지속하고 싶은 무의식적인 이유로 인해 이전의 문제 행동을 되풀이하는 경우도 있다. 이러한 행동은 이해할 수는 있지만 장려할 만한 행동은 아니다. 그러기 위한 하나의 방법은 아동이 치료 과정에서 이룬 것들을 뚜렷이 떠올릴 수 있도록 돕는 것이다. 집단이나 가족 단위 치료 과정에서 아동이 다른 사람들과 함께 해 왔다면 그들은 그 아동의 성취를 아동 자신보다 더 분명히 인지하고 있을 것이다.

다른 색깔의 여러 가지 펠트 조각과 공작용 종이를 치료실에 놓아둔다. 집단이나 가족 단위로 짝을 이루어 서로 다른 사람의 손의 윤곽을 그린다. 한 사람에게 하나씩 줄 수 있도록 각자 충분히 윤곽을 만든다. 아동들이 손의 윤곽을 오려 내는 동안 치료사는 다음에 할 일을 설명한다. 먼저, '등 두드리는 것'이 어떤 의미인지 물어본다. 첫 번째 지원자는 두 번째 지원자가 훌륭히 완수해 낸 일에 대해 칭찬하면서 등을 두드리는 역할극을 하도록 한다. 여러 번 시범을 보여 주면 내담자는 등을 두드려 주는 것이 '잘했어'라는 통상적인 표현이 아니라 보다 구체적으로 '너는 그 전보다 더 많이 집중할 수 있다는 것을 알고 있어.'라는 의미를 나타내야 함을 이해하게 된다. 모든 아동은 집단의 다른 구성원에 대해 생각하고, 그 아동을 위해 오려 둔 손에 그 구성원만을 위한 특정한 문구를 쓴다. 이렇게 손이 완성되면 이 손을 다른 아동의 등에 붙인다. 각 집단이나 가족 구성원들은 여러 가지의 '등 두드리는 격려문'을 등에 붙이고 있어야 한다. 이 활동이 끝나면 각자 '격려문'을 떼어 읽어 본다. 이것들은 아주 훌륭한 기념품으로서 아동이 치료 과정에서 성취한 것을 떠올리는 데 도움이 된다.

치료 과정 중에 가능한 질문

–'등 두드리기'란 무엇이니?

–특정한 격려 문구의 사례는 어떤 것들이 있니?

–개별 집단 구성원들은 어떠한 분야에서 성장을 이루어 냈니?

–'등 두드리는 격려문'을 받았을 때 어떤 기분이 들었니?

과제

아동이 기억할 수 있을 만큼 보호자에게 등을 두드리는 격려를 반복하게 한다. 격려의 글이 적힌 오려 낸 종이 손을 집에 가져가서 눈에 잘 띄는 곳에 붙이도록 한다. 아동에게 다른 사람에게 말로써 격려하는 연습을 하도록 권유한다. 아주 어린 아동이라면 일주일 동안 매일 밤 아동이 잠들기 전에 보호자가 격려의 말을 크게 읽어 주도록 한다.

특별 고려사항

일부 아동은 어떤 칭찬을 받아도 매우 불편해한다. 하지만 이 활동에서는 적어도 처음에는 말로 칭찬하지는 않는다. 아동은 집단의 다른 아동들 앞에서 종이 손에 적힌 격려문을 읽지 않으려 할 수도 있다. 또 어떤 아동은 집단 활동을 하는 동안 격려문을 아예 보려고 하지 않을 수도 있다. 이들에게는 무리하게 요구하지 말고, 그 격려문을 집에 가지고 가서 편할 때 읽어 보도록 한다. 아동이 너무 어려 쓰거나 읽지 못하는 경우에는 그림을 그리거나 아동이 하고 싶은 말을 치료사가 대신 받아 적어도 된다.

적용 및 수정

이 활동은 개별 내담자를 대상으로 진행할 수도 있다. 이 경우에 가능한 두 가지 방법이 있다. 치료사가 모든 격려의 말을 만들어서 구체적인 문장을 아동에게 줄 수 있다. 다른 방법은 아동이 스스로 분석하게 한 후 자신이 인식할 수 있는 성장 부분에 대한 격려문을 만들도록 하는 것이다.

포장해서 가지고 가기
(Termination Take-Aways)

치료 양식: 개인/집단/가족

대상: 4세~성인

치료 단계: 종결 단계

치료 목표

1. 치료 과정에서 해결한 치료 목표를 검토한다.
2. 내담자가 치료 과정에서 이룬 긍정적 변화를 뚜렷이 인식하도록 돕는다.
3. 내담자가 치료 과정에서 배운 극복 전략을 시각적으로 떠올리도록 도와줄 수 있는 것을 만든다.

준비물

–중국 음식 포장 상자(통신판매 카탈로그를 통해 다양한 색상과 모양의 상자를 구입할 수 있음)

진행 방법

치료의 마지막 단계에서 아동은 치료 과정에서 배우고 연습한 특정한 전략, 행동, 관계기법 등을 완벽하게 습득하게 된다. 아동은 새로 발견한 자신의 능력에 신나 하면서도 치료사를 방문하면서 형성된 안전망을 떠나기를 싫어한다. 따라서 이 활동은 치료에서 이룬 것을 아동에게 분명히 알려 주고 축하하기 위해 고안되었다. 먼저 아동에게 음식 포장 상자를 보여 준다. 일반적인 흰 상자에 빨간색의 중국 상징이 그려진 상자를 사용한다. 이 상자들은 다양한 색깔에 독특한 디자인으로 만들어져 있다. 예를 들어, 붉은 상자에 하얀 하트 모양이 그려져 있다. 아동에게 이 상자들이 무엇에 쓰는 것인지 물어본다. 아동은 남은 음식을 집에 담아 가는 상자라고 말할 것이다. 놀이치료실에서 하는 활동이 끝나더라도 아동이 간직할 수 있는 여러 가지 것들이 있음을 말해 준다.

아동에게 놀이치료실에서의 지난 시간을 기억할 수 있게끔 상자에 그림을 그리도록 한다. 이 그림들은 아동과 치료사가 함께 완수했던 활동, 치료 과정에서 배운 기법이나 재구성된 인지를 나타내는 이미지, 아동이 자랑스러워하는 성취를 나타내는 이미지, 아동이 스스로를 진정시키는 주문이나 암시를 글로 쓴 것 등이다. 그런 다음 아동은 활동 시간에 배우거나 연습한 것을 글로 쓴다. "나는 살아남았어." "나는 내 행동을 조절할 수 있어." "나는 다른 사람의 말을 집중해서 들을 수 있어." 등이 있다. 이러한 문구들을 가느다란 종잇조각에 써서 상자 안에 넣는다. 치료사도 아동의 긍정적인 변화와 성장한 내용을 확인하는 문구를 쓰도록 한다. 이 활동은 치료사가 행운의 과자를 구울 수 있는 도구나 시간이 있어 긍정적인 말이 적힌 종잇조각을 행운의 과자에 넣을 수 있게 되면 훨씬 재미있어진다. 이 과자를 싸서 상자에 넣은 뒤 집에 가져가서 읽고 난 후 먹도록 한다.

진행 과정 중 가능한 질문

- 놀이치료실에서 성취한 것 중에 무엇이 가장 자랑스러웠니?
- 우리가 함께하는 동안 너의 행동을 변화시킨 방법은 무엇이었니?
- 놀이치료실에서 네 자신에 대해 알게 된 것은 무엇이었니?
- 눈을 감고 머릿속으로 너 자신의 목소리를 들으면 스스로 하는 말 중 어떤 말이 들리니?

과제

아동은 이제 마지막 과정을 마치고 상자를 가지고 떠나게 된다. 치료사가 보고 싶거나 생활에서 새로운 문제가 생기면 아동에게 그 상자에서 종이를 꺼내서 읽어 보도록 권유한다.

특별 고려사항

아동은 치료사가 써 준 칭찬이나 인정받은 것을 읽는 것을 너무나 좋아한다. 치료사는 아동 개개인의 독특한 개성, 그리고 아동과 치료사와의 특별한 관계에 대한 말을 적도록 한다. 너무 어려서 읽거나 쓸 줄 모르는 아동은 과정이 종료된 다음에 포장 상자를 잘 활용하기 위해서 대부분 부모의 도움을 받는다. 부모를 마지막 단계에 초청하여 적혀 있는 모든 긍정적인 말을 크게 읽도록 요청한다. 부모에게 포장 상자를 끄집어내어 아동의 긍정적인 성장에 대한 기록을 볼 수 있도록 권유한다. 이 활동은 치료가 끝난 처음에는 매주 해야 한다.

적용 및 수정

이 기법은 집단에서 아주 재미있는 종결 활동이다. 집단의 모든 아동에게 각자 포장 상자를 주고 집단에서 활동했던 경험과 관련하여 상자를 장식하게 한다. 집단 구성원은 다른 구성원의 긍정적인 성장에 대해 쓰는 시간을 갖고, 이를 통해 모두가 서로의 포장 상자를 만드는 데 돕게 된다. 아동은 활동이 종결된 이후 다른 사람들이 자신에 관하여 써 준 칭찬을 다시 읽어 보는 것을 아주 좋아한다.

참고문헌

Ainsworth, M. D. S. (1967). *Infancy in Uganda: Infant care and the growth of love*. Baltimore, MD: Johns Hopkins University Press.

Ainsworth, M. D. S. et al. (1978). *Patterns of Attachment: A Psychological Study of the Strange Situation*. Hillsdale, NJ: Erlbaum.

Bowlby, J. (1988). *A Secure Base*. NY: Basic Books.

Beck, A. et al. (1979). *Cognitive Therapy of Depression*. NY: Guilford.

Boyd-Webb, N. (1991). *Play Therapy with Children in Crisis: A Casebook for Practitioners*. NY: Guilford Press.

Brazelton, T. B., & Cramer, B. G. (1990). *The Earliest Relationship*. NY: Addison-Wesley.

Brody, V. (1997). *The Dialogue of Touch: Developmental Play Therapy*. NJ: Jason Aronson.

Cassidy, J. (1994). Emotion regulation: Influences of attachment relationships. In N. Fox (Ed.), The development of emotion regulation. *Monographs of the Society of Research in Child Development*, *59*, 228-249.

Emberley, E. (2002). *The Complete Funprint Drawing Book*. Boston, MA: Little, Brown & Company.

Harlow, H. F. (1962). The development of affectional patterns in infant monkeys. In B. M. Foss (Ed.), *Determinants of Infant Behavior* (Vol. 1, pp. 75-88). NY: Wiley.

James, B. (1989). *Treating Traumatized Children: New Insights and Creative Interventions*. NY: The Free Press.

Jongsma, A. E. et al. (Eds.) (2000). *The Child Psychotherapy Treatment Planner*. NY: John Wiley & Sons, Inc.

Kazdin, A. E., & Weisz, J. R. (2003). *Evidence-Based Psychotherapies for Children and Adolescents*. NY: Guilford Press.

Knell, S. (1993). *Cognitive-Behavioral Play Therapy*. NJ: Jason Aronson.

Levy, T. M. (Ed.). (2000). *Handbook of Attachment Interventions*. San Diego, CA: Academic Press.

Nathan, P. E., & Gorman, J. M. (1998). *A Guide to Treatments that Work* (2nd ed.). NY: Oxford University Press.

Osofsky, J. D. (Ed.) (2004). *Young Children and Trauma: Intervention and Treatment*. NY: The Guilford Press.

Parr, T. (2001). *It's Okay to Be Different*. Boston, MA: Little, Brown & Company.

Perry, B. D. et al. (1995). Episodic memory and autonetic consciousness: developmental evidence and a theory of childhood amnesia. *Journal of Experimental Child Psychology*, *59*, 516-548.

Rauch, S. L. et al. (1996). A symptom provocation study of posttrauamtic stress disorder using positron emission tomography and script-driven imagery. *Archives of General Psychiatry*, *53*, 380-387.

Rubin, P. B., & Tregay, J. (1989). *Play with Them: Theraplay Groups in the Classroom*. Springfield, IL: Charles C Thomas Publisher.

Schacter, D. L. (1992). Understanding implicit memory: A cognitive neuroscience approach. *American Psychologist*, *47*, 559-569.

Schacter, D. L. (1994). Priming and multiple memory system: Perceptual mechanisms of implicit memory. In D. L. Schacter & E. Tulving (Eds.), *Memory Systems* (pp. 233-268). Cambridge, MA: MIT Press.

Siegel, D. J., & Hartzell, M. (2003). *Parenting from the Inside Out: How a Deeper Self-Understanding Can Help You Raise Children Who Thrive*. NY: Penguin Putnam.

Solomon, M. F., & Siegel, D. (Eds.) (2003). *Healing Trauma: Attachment, Mind, Body, and Brain*. NY: W. W. Norton & Company.

Sroufe, L. A. (1979). The coherence of individual development. *American Psychologist*, *34*, 834-841.

Sroufe, L. A. (1996). *Emotional Development: The Organization of Emotional Life in the Early Years*. NY: Cambridge University Press.

Sweeney, D. S., & Homeyer, L. E. (Eds.) (1999). *The Handbook of Group Play Therapy: How to Do It, How It Works, Whom It's Best for*. San Fransisco, CA: Jossey-Bass, Inc.

Toth, S. L., & Cicchetti, D. (1998). Remembering, forgetting, and the effects of trauma on memory: A developmental psychopathology perspective. *Development and Psychopathology*, *10*, 589-605.

Vernon, A. (1993). *Developmental Assessment and Intervention with Children and Adolescents*. VA: American Counseling Association.

다음 웹 사이트를 통해 소품들을 구입할 수 있다.

www.childtherapytoys.com

www.constplay.com

www.playtherapy-toys.com

www.orientaltrading.com

www.sandtrays.com

www.selfesteemshop.com

www.toysofthetrade.com

www.ustoy.com

저자 소개

Paris Goodyear-Brown은 가족과 아동들 대상 임상사회복지사이면서 놀이치료사 슈퍼바이저 자격을 가지고 있다. 최근에는 개인 치료사로 일하고 있고, Vanderbilt 대학교에서 정신간호 프로그램을, Tennessee's 대학과 대학원에서 사회복지학, 그리고 Trevecca Nazarene 대학원에서 심리학, 결혼과 가족 프로그램을 강의하고 있다.

그녀는 이론적 개입 전략의 틀을 깨고 경험에 근거한 실용적인 놀이치료 전략을 만든 역동적이고 혁신적인 치료사로서 국제적으로 알려져 있다.

저서로는 『Digging for Buried Treasure』와 『Gabby the Gecko』가 있다. 그녀는 새로운 놀이치료 기법을 훈련하기 위한 〈10 Peas in a Pod〉란 제목의 DVD의 공동제작자이기도 하다.

Paris의 홈페이지 www.parisandme.com에 가면 놀이치료 자료와 워크숍 참여에 대한 정보를 제공받을 수 있다. 놀이치료 훈련, 슈퍼비전, 자문을 받기 위해서는 www.parisandme.com이나 전화 615-397-9480으로 연락하기 바란다.

역자 소개

안명현

명지대학교 사회교육대학원 예술심리치료학과 객원교수

봄아동청소년심리발달센터 대표

노남숙

명지대학교 사회교육대학원 아동심리치료학과 교수

명지대학교 명지통합치료연구센터 자문교수

문현영

명지대학교 아동학과 겸임교수

국제발달심리학습센터 대표

김성진

국제아동발달클리닉 대표

김지아

명지대학교 일반대학원 아동학과 객원교수

주식회사 엔스텝 대표

신차선

사람들에게 평화를 디렉터

트라우마스트레스 상담치유센터 대표

박행자

명지대학교 아동학 박사

아동가족심리연구소장

윤영숙

숭실대학교 교육대학원 유아교육과 겸임교수

윤영숙 아동연구소 소장

재미있고 쉬운 인지행동 놀이치료 1권

Digging for Buried Treasure 1: 52 Prop-Based Play Therapy Interventions for Treating the Problems of Childhood

2018년 8월 30일 1판 1쇄 발행
2023년 10월 10일 1판 4쇄 발행

지은이 • Paris Goodyear-Brown · LCSW · RPT-S
옮긴이 • 안명현 · 노남숙 · 문현영 · 김성진 · 김지아 · 신차선 · 박행자 · 윤영숙
펴낸이 • 김 진 환
펴낸곳 • (주) 학지사
04031 서울특별시 마포구 양화로 15길 20 마인드월드빌딩 5층
대표전화 • 02) 330-5114 팩스 • 02) 324-2345
등록번호 • 제313-2006-000265호
홈페이지 • http://www.hakjisa.co.kr
인스타그램 • https://www.instagram.com/hakjisabook

ISBN 978-89-997-1650-8 94180
978-89-997-1649-2 94180(set)

정가 15,000원